생명과 안전을 지키는 직업 1

군인· 스파이· 경호원

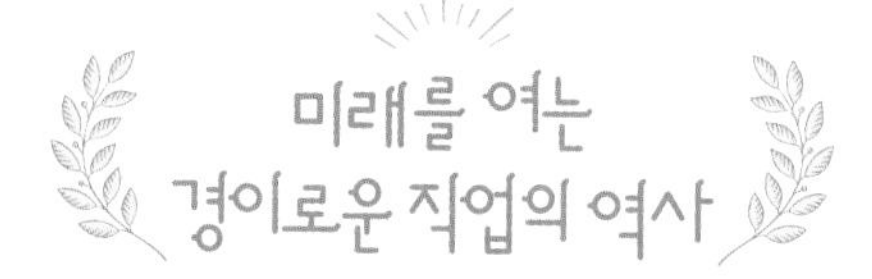

생명과 안전을 지키는 직업 I

박민규 지음

군인 · 스파이 · 경호원

내가 정말로 원하는 직업은 무엇일까?

'선생님'이 되어 아이들을 가르치고 싶은 사람도 있고, '의사'가 되어 아픈 사람을 치료해 주고 싶은 사람도 있고, '경찰관'이 되어 범죄를 저지른 사람을 잡고 사람들을 돕고 싶은 사람도 있을 것입니다. 선생님, 의사, 경찰관이 '된다'는 것은 바로 선생님, 의사, 경찰관이라는 '직업을 가진다'는 의미입니다.

우리는 저마다 자신의 희망, 적성, 능력에 따라 직업을 가집니다. 직업이란 사람이 경제적 보상을 받으면서 자발적으로 하는 지속적인 활동입니다. 직업을 가지게 되면 기본적인 경제생활을 할 수 있는 소득을 얻고, 사회발전에 이바지할 수도 있고, 무엇보다도 자기가 가지고 있는 꿈을 실현할 수 있습니다. 그래서 한 사람이 살아가기 위해서는 '직업'을 가지는 것이 매우 중요합니다.

직업을 가지려면 먼저 그 직업이 하는 일은 무엇이며, 그 일을 잘하기 위해서는 어떤 능력이 필요하고, 사회에서 하는 역할이 무엇인지 아는 것이 중요합니다. 그래야 자신의 꿈을 이룰 수 있는 직업을 선택하고, 그 직업에 필요한 능력을 미리 갖출 수 있기 때문입니다.

2021년 기준 한국에는 약 1만 7천여 개의 직업이 있고, 해마다 새로운 직업이 생겨나고 있습니다. 수많은 직업 중에서도 특히 많은 사람들이 관심을 갖는 직업들이 있습니다. 우리는 이 직업들이 처음에 어떻게 생겨났고, 시대의 변화에 따라 바뀐 점과 바뀌지 않은 점이 무엇인지 살펴볼 것입니다. 달라진 점을 살펴보면 그 직업이 앞으로 어떻게 변해 갈지를 예측해 볼 수 있습니다. 또한, 달라지지 않은 점을 바탕으로 그 직업의 진정한 의미와 가치를 찾아낼 수 있을 것입니다.

이 책이 여러분에게 '내가 정말로 원하는 직업이 무엇인지' 생각해 보고, 미래를 준비하는 데 도움이 되기를 바랍니다.

생명과 안전을 지키는 여러 직업

인류는 아주 오랜 옛날부터 자원을 더 얻거나 세력을 키우기 위해 다른 사람을 공격해서 생명과 재산을 빼앗았습니다. 때로는 다른 집단을 공격하기 위해, 때로는 공격에 맞서 자기가 속한 집단을 지키기 위해 싸웠습니다. 시간이 흐르면서 싸우는 것을 직업으로 삼는 사람, 상대방의 비밀을 몰래 알아내는 사람, 위험에서 다른 이들을 지키는 사람도 생겨났습니다.

이 책은 전쟁을 대비하고, 전쟁이 벌어졌을 때 적과 맞서 싸워 국가와 국민을 보호하고 평화를 수호하는 '직업 군인', 몰래 적의 비밀을 탐지하고 분석해서 자기 편의 승리에 이바지하는 '스파이', 집단의 지도자처럼 중요한 사람들을 보호하는 '경호원'을 다룹니다. 각 직업이 하는 일은 무엇인지, 역사적으로 언제, 어떻게 탄생해서 오늘에 이르렀는지, 어떻게 그 직업을 얻을 수 있으며, 현재 우리의 상황은 어떤지, 그리고 미래에는 어떻게 달라질지를 살펴봅니다.

이를 통해 각각의 직업이 시대에 따라 겉으로 드러나는 모습과 하는 일의 본래 의미가 무엇인지, 변한 것은 무엇이고 변하지 않는 것은 무엇인지, 인류 발전에 어떻게 이바지했는지를 이해한다면, 직업을 지금까지와는 다른 시각에서 볼 수 있을 것입니다. 또한, 현재와 미래를 살펴 그 직업에 필요한 자질이 무엇인지, 어떤 준비를 해야 하는지, 앞으로 어떤 발전 가능성이 있는지도 알 수 있을 것입니다.

무엇보다도 책을 읽는 청소년들이 직업의 본래 의미를 이해해서 앞으로 어떤 직업을 선택하든지 자기가 하는 일에 보람을 느끼고 즐겁게 살아가기를 기대합니다.

· 차례 ·

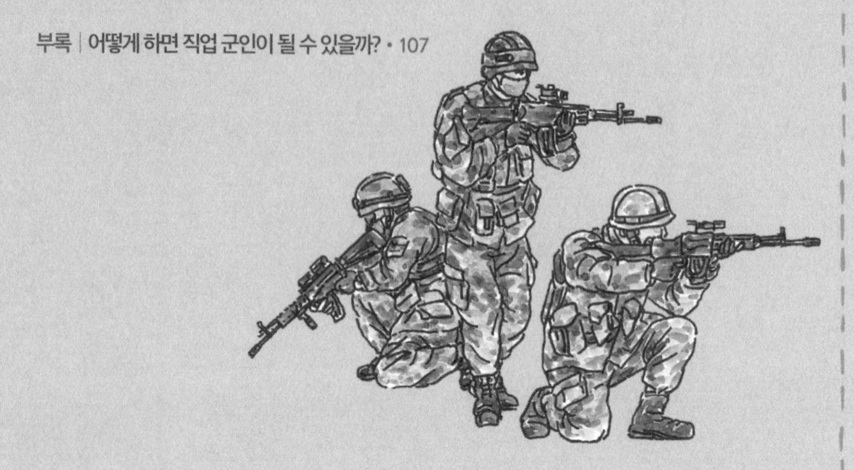

2부 비밀을 몰래 알아내는 사람, 스파이

3부 목숨을 바쳐 지키는 사람, 경호원

1부

국민의 생명과 재산을 보호하는 사람, 군인

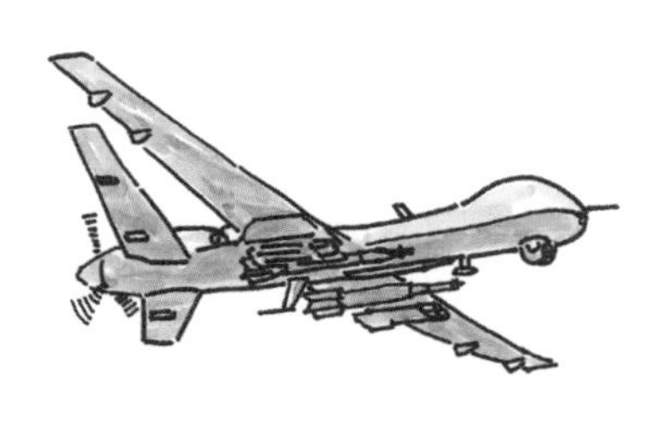

군인의 탄생과 변화

•

문자가 없던 선사시대부터 인류는 한정된 자원과 영토를 차지하기 위해 싸움을 했다. 사람들이 모여 사는 도시는 규모가 커지면서 외부의 공격을 막아내기 위한 요새를 쌓기 시작했고, 육지뿐만 아니라 바다에서도 치열한 전투가 벌어졌다. 그리고 전투에서는 직업 군인과 용병들이 활약했다.

고대 군인의 탄생

군인은 무슨 일을 할까?

군인은 군대의 구성원으로서 국가와 사회의 안전을 보장하고 안전을 위협하는 세력에 맞선다. 외부의 침입으로부터 영토를 보호하고 국민의 생명과 재산을 지키는 일은 양보하거나 타협할 수 없는 문제다.

평화로운 시기에도 자격을 갖춘 사람을 군인으로 선발하여 훈련시키고 각종 무기와 물자를 마련하는 등 대비를 한다. 준비를 잘할수록 다른 세력이 함부로 공격하지 못해 전쟁을 미리 막을 수 있으며, 전쟁이 일어나더라도 잘 대응해서 나라와 국민을 지킬 수 있다.

군인은 전투에 필요한 지식과 기술을 연구하고, 전투가 벌어졌을 때를 대비해 훈련을 한다. 요즘에는 국가 간의 전쟁 외에도 특정 집단이 해외에서 우리나라 사람의 생명을 위협하는 테러가 발생하기도 한다. 이때 군인이 외부 세력을 제압하고 국민을 보호한다.

모든 군인이 전투에 직접 참여하지는 않는다. 어떤 군인은 다른 군인이 잘 싸울 수 있도록 식량, 무기, 연료 등을 제때 보급하고, 다친 군인들을 치료하며, 전투가 끝난 후 또는 제대 후 일상으로 돌아갈 수 있도록 돌보고 지원한다. 자신의 목숨을 바친 군인들에게 제대로 된 보상을 해 주는 것도 전문적인 지식과 기술이 필요한 매우 중요한 일이다.

선사시대 전쟁의 흔적

인류 역사는 문자의 발명 시기를 기준으로 선사시대와 역사시대로 나뉜다. 문자가 없던 선사시대의 모습은 남아 있는 동굴 벽화나 발굴된 유물 등으로 알아볼 수 있다. 고대 벽화를 보면 사람들이 대형을 갖춰 전투를 벌이고 사냥하는 모습을 확인할 수 있다. 원시 인류가 폭력적이었다고 주장하는 학자도 있고, 평화롭게 협력하며 살았다고 주장하는 학자도 있지만 둘 중 어느 쪽도 뚜렷한 증거는 없다. 원시 인류 사이에도 다툼이 있었지만 지휘자의 명령에 따라 대형을 갖추고 상대방을 공격하는 전쟁이라기보다

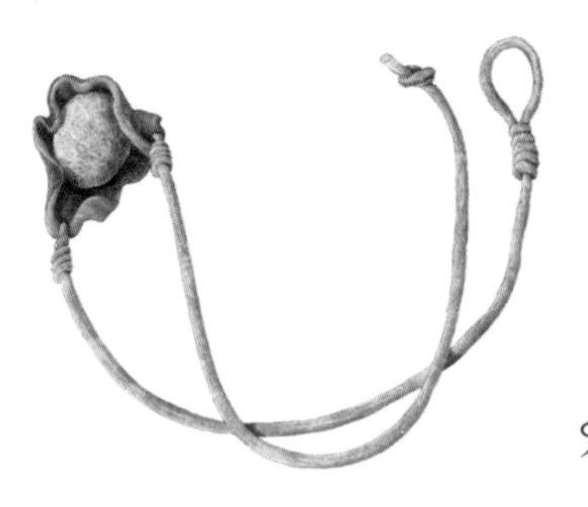

돌을 멀리 던지는 무기, 무릿매

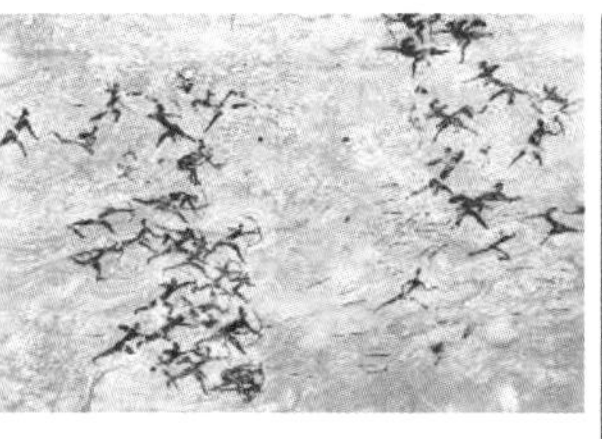
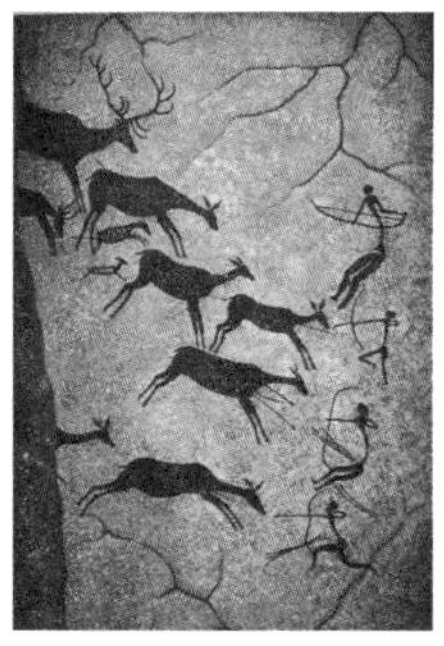

두 개의 무리가 활로 싸우고 있는 모습을 그린 스페인 벽화(왼쪽)와 북아프리카 지역의 벽화(가운데), 스페인에서 발견된 사냥하는 장면을 그린 벽화(오른쪽)

는 서로 치고받는 수준이었음을 알 수 있다.

기원전 1만 2천 년~8천 년경 인류는 활과 화살, 무릿매, 단검, 손도끼와 같은 무기를 만들어 사용했다. 특히 활이 만들어지면서 싸우는 방식이 크게 달라졌다. 활은 멀리 떨어진 곳에 숨어서 공격할 수 있었기 때문이다.

아프리카 대륙의 수단 북부 지역인 제벨 사하바에서는 1만 2천 년

제벨 사하바 유적지의 공동묘지 117 구역 발굴 모습(왼쪽)과 발굴된 유골(오른쪽). 동그라미 쳐진 위치에 무기의 조각이 남아 있다.

~1만 5천 년 전 고대 유적지가 발견되었다. 이곳에서 1만 3천 년 전에 살았던 것으로 추정되는 사람의 뼈 61구를 찾았는데, 그 중 45%가 살해당한 것으로 보였다. 어떤 두개골에는 화살이나 창으로 인해 생긴 것으로 짐작되는 구멍이 있었고, 칼에 베인 흔적이 남아 있는 뼈도 여럿이었다. 유골과 함께 무기 파편도 발견된 것으로 미루어 보아 이곳이 전투 희생자들을 묻는 공동묘지였을 것이라 추측할 수 있다.

문명의 발생, 요새 도시의 등장

인류는 약 1만 년 전부터 한데 모여 농사를 지으며 살기 시작했다. 물이 풍부해서 농사짓기에 좋고, 교통이 편리한 큰 강 주변에서 인류의 문명이 탄생했다. 티그리스강과 유프라테스강 주변의 '메소포타미아 문명', 나일강 주변의 '이집트 문명', 인더스강 유역의 '인더스 문명', 황하강 유역의 '황하 문명'을 세계 4대 문명이라 한다.

제리코 성벽 유적

모여서 사는 사람의 수가 증가하면서 도시의 규모가 점점 커졌는데, 도시에는 물자가 많아서 이를 빼앗으려고 하는 세력도 등장했다. 그래서 사람들은 외부의 공격에 맞서 싸우기 좋은 요새를 건설했다.

지금의 중동, 요르단 지역에서는 기원전 8000년경에 세운 요새 제리코의 유적이 발견되었다. 두께 3m, 높이 4m의 성벽에 둘러싸인 이 도시에는 2천여 명이 살았다. 또한 기원전 7100년~5600년 무렵 터키 지역에 존재했던 도시 차탈회위크는 마치 성벽처럼 집을 잇대어 외부의 공격을 방어했다. 이러한 커다란 규모의 성벽과 요새가 있었다는 것은 당시 상당한 수준의 전쟁이 일어났다는 것을 알려준다.

차탈회위크 고대 도시 유적

고대 서양의 군대와 군인

기원전 3200년경 나일강 유역에서 시작해서 3천여 년간 지속된 이집트 왕조는 찬란한 고대 문명을 건설했다. 기원전 13세기의 이집트는 2만여 명의 군대를 수백 킬로미터나 떨어진 지역까지 보내 전쟁을 치를 정도로 강력했다. 군대는 직업 군인, 고용된 기간 동안 돈을 받고 싸우는 용병, 국가에서 강제로 전쟁에 동원한 징집병으로 이루어져 있었다. 전차 등 특수한 무기를 다루는 전문 군인이 따로 있고, 군대를 지휘하는 지휘관들의 역량이 뛰어났던 이집트 군대는 질서 있게 잘 싸웠다.

장교를 앞세워 행군하는 고대 이집트 군대

메소포타미아 지역은 오고 가기가 편한 지역이라 전쟁이 끊이지 않았고, 많은 왕국이 탄생했다가 멸망했다. 특히 기원전 2000년쯤 세워진 아시리아 왕국의 군대는 규모가 굉장히 컸는데, 말을 타고 싸우는 병사, 기병을 많이 둔 것으로 유명했다. 말을 기르는 데는 비용도 많이 들고 신경 쓸 일이 많았지만, 무사르키수스라는 관리가 말을 돌보는 일을 철저히 감독하였다. 그 결과 아시리아는 수천 명의 기병을 가질 수 있었다.

고대 동양의 군대와 군인

페르시아의 군대

아시리아의 힘이 약해진 이후, 페르시아가 메소포타미아 지역과 지금의 터키 지방인 소아시아를 포함하는 큰 제국을 건설했다. 페르시아에는 30만 명에 달하는 군대가 있었다. 군인 10명으로 만든 부대가 십인대, 십인대가 10개 모여 백인대(100명), 백인대가 모여 천인대(1천 명), 천인대가 모여 만인대(1만 명)를 만들었다. 각각 십인장, 백인장, 천인장, 만인장이 지휘했다.

페르시아는 다스리는 지역이 굉장히 넓었기 때문에 지방마다 군대에서 고유한 무기를 사용했다. 조직과 전술도 지방마다 각기 달라 전쟁이 일어났을 때 협력하기 어려웠다. 페르시아에는 군함을 타고 바다나 큰 강에서 싸우는 해군도 있었다. 페르시아 해군은 수백여 척의 군함을 가진 당시 세계 최대 규모였다.

고대 중국의 군대

중국 황하강 옆의 넓은 평원에서도 문명이 발전했다. 기원전 2~3천여 년 전에 사람들이 모여 살던 유적에서는 무기에 의해 상처를 입은 흔적이 있는 유골이 발굴되었으며, 돌로 만든 화살촉이 함께 발견되기도 했다.

기원전 1600년경 중국 최초로 탄생한 왕조인 상商 왕조에는 왕이 거느리는 군대인 '중앙군'과 전쟁이 벌어지면 각 고을마다 모았던 '지방군'이 있었다. 중앙군은 귀족과 각 귀족이 거느리는 군인으로 이루어졌는데, 집안의 노예나 하인, 또는 돈을 주고 고용한 사병들이 포함

고대 중국 상 왕조의 은허 유적에서 발견된 마차(왼쪽)와 청동 칼(오른쪽)

되어 있었다. 군대는 사師라는 단위로 구분했고, 좌사, 중사, 우사의 3사가 있었다. 창을 주로 쓰는 보병과 전차를 모는 차병이 중심이었다. 전차는 중국에서도 중요한 무기였다.

고대 우리나라의 군대

우리나라에서도 고대 유적지에서 마을을 보호하기 위해 설치했던 방어 시설의 흔적이 발견되었다. 울산광역시 울주군 웅촌면 검단리에서 발견된 옛 고을 터에서는 마을 둘레를 파서 물을 채워 놓았던 큰 도랑(환호)과 도랑 안쪽에 높게 세운 흙벽(토루)의 흔적이 발견되었다. 이는 모두 외부 적의 침입을 막는 시설이다. 나무로 만든 담(목책)을 세워 공격을 막기도 했는데, 경상남도 진주시 대평면 대평리에서 발견된 마을 유적지에서는 환호와 목책의 흔적이 모두 발견되었다. 이런 마을 방어 시설의 흔적은 우리나라 고대 전쟁의 모습을 보여준다.

검단리 유적 전경(부산대학교 박물관)

그리스와 로마의 군대와 군인

그리스의 군대와 군인

기원전 8세기경 지중해 지역에 폴리스라고 불리는 도시 국가가 등장했다. 전쟁이 벌어지면 폴리스에서는 군인을 소집했는데, 자유 시민만 군인이 될 수 있었고 시민들은 스스로 보호구와 무기를 장만해서 전쟁에 나갔다.

폴리스의 시민들은 평상시에는 자기 일을 하다가 1년에 한 달 정도 모여서 전투 훈련을 했다. 하지만 스파르타는 모든 시민이 군인이었으며 1년 내내 군사 훈련을 했다. 농사를 짓거나 물건을 사고파는 일은 노예들의 몫이었다. 스파르타는 이러한 방법으로 가장 강력한 군사력을 갖춰 이름을 떨쳤다.

그리스의 군인 '호플리테스hoplite'는 무거운 갑옷을 입고 긴 창과

그리스의 군인 호플리테스(왼쪽)과 동료의 방패로 몸을 지키는 팔랑크스 대형을 이뤄 싸우는 호플리테스(오른쪽)

금속 방패를 든 중장보병이었다. 호플리테스는 호플론이라는 방패에서 비롯된 이름이다. 호플론은 청동으로 만든 새로운 형태의 방패였는데, 기존 방패와는 다르게 방패 가운데에 팔을 끼울 수 있는 걸이가 있고 방패 가장자리에 손잡이가 있었다. 호플리테스는 방패로 몸의 왼쪽만 지킬 수 있었기 때문에 오른쪽은 자기 오른쪽에 선 동료의 방패로 지켰다. 전투에서는 자기 자리를 지키는 것이 제일 중요했다. 전투 중에 겁을 먹고 도망가면 대형이 무너졌기 때문에 방패를 버리고 도망가는 것을 가장 비겁한 짓으로 여겼다. 스파르타의 어머니는 전쟁에 나가는 아들에게 "방패를 들고 오든지, 아니면 (싸우다 죽어)방패에 실려 오라"라고 했다고 한다.

해군의 시작

오래전 배를 재현한 것. 눈 그림 아래 튀어나와 있는 부분이 배의 충각이다.

인류는 물 위를 이동하기 위해 뗏목을 만들어 타고 다녔다. 기원전 3500여 년경에는 노와 돛이 발명되면서 바다를 항해할 수 있게 되었고 배가 본격적으로 발전하기 시작했다. 기원전 2000여 년경에는 해안가 도시가 발전하고 해양 무역이 활발해졌다. 그러자 무역선을 약탈하는 해적이 생겨났다. 초기에는 배의 선원들이 해적에 맞서 싸웠는데, 이후 해적과 맞서 싸우는 사람들을 배에 태우고 다녔다. 이것이 해군의 시작이다.

해군의 전투는 배 위에서 싸운다는 점만 제외하면 육지에서의 전투와 다를 바 없었다. 기원전 9세기쯤에는 배 앞머리에 끝을 뾰족하게 만든 충각을 붙여 적의 배를 들이받아 부수고 가라앉히는 전술이

3단 노선의 모형(왼쪽)과 노잡이의 배치 방식(오른쪽)

등장했다. 이후 군함에는 충각을 달았기 때문에 물건을 나르는 상선과는 뚜렷하게 구분되었다.

속력이 빠를수록 충각으로 들이받는 위력이 커졌기 때문에 군함은 보다 빠른 속력을 요구했다. 당시 배는 사람이 젓는 노로 움직였다. 초기 군함의 노잡이는 20명 정도였지만, 이후 50명까지도 늘었다. 노잡이 숫자가 늘면 속도는 빨라지지만, 노잡이들이 앉는 자리도 늘어나 그만큼 배의 길이도 길어져야 했다. 배가 길어지면서 항해 방향을 바꾸기 힘들어지자 노잡이가 앉는 자리를 층층이 계단식으로 만들어 배의 길이는 늘이지 않고 노의 숫자만 늘리는 방법을 고안했다. 20단에 이르는 노선도 있었지만, 기원전 6세기 무렵에는 3단 노선이 가장 대표적인 군함으로 자리 잡았다.

군함에는 노잡이 외에도 10~40명의 해군이 타고 있었다. 제일 지위가 높은 함장은 배를 운영할 만큼 부유한 사람으로 배와 선원, 물자를 관리했다. 배에는 전투와 항해를 지휘하는 부함장, 노잡이를 훈련하고 감독하는 갑판장, 망을 보고 파도나 기후의 변화를 관찰하는 견시 등이 있었다.

마케도니아의 군대 개혁

마케도니아의 필립 2세는 군대를 개혁해 아테네, 스파르타와 같은 큰 도시 국가를 점령하고 그리스 전체를 지배했다. 그는 기병을 중요

하게 여겨서 왕을 보호하는 근위병으로 삼았다. 또한 가벼운 갑옷을 입고 빠르게 말을 달려

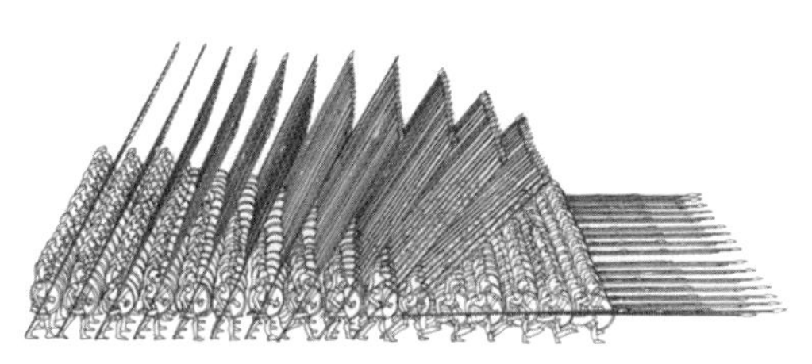
마케도니아의 밀집 장창병 그림

지형을 살피고 적군을 정찰하는 경기병도 활용했다. 거친 산악 지형을 이동하는 부대, 적 부대를 포위하는 부대, 멀리서 활을 쏘고 돌을 던지는 부대도 따로 두었다.

군사 작전에 필요한 식량과 장비 보급 방법도 크게 바꾸었다. 과거 그리스 군대에서는 여러 명의 노예가 군인을 따라다니며 시중을 들었다. 그래서 하루에 이동할 수 있는 거리도 짧았고 노예가 먹을 식량까지 챙겨야 했다. 마케도니아 군대는 군인들이 자기 식량과 장비를 직접 챙기도록 해서 하루에 훨씬 먼 거리를 빠르게 이동할 수 있었다.

또한 당시 최고 수준의 공학자가 군대에서 성을 공격하는 공성 무기를 만들고 관리했으며, 길을 닦고 땅을 파는 일을 전문으로 하는 공병 부대가 있었고, 부상병을 치료하는 의사도 함께 다녔다. 이런 군대를 동원한 알렉산더 대왕은 페르시아를 무찌르고 이집트와 지금의 인도 서쪽까지 점령할 수 있었다.

세계 최강의 로마 군대와 군단병

행군하는 군단병

로마는 이탈리아반도 중앙의 작은 도시에서 시작해 아프리카, 유럽, 소아시아, 중동에 이르는 거대한 제국을 건설했다. 그 주된 힘은 로마의 군대, '군단legion'이었다.

초기 로마는 이웃 도시를 점령하며 세력을 키워나갔다. 당시 로마에서는 스스로 무기를 장만할 수 있고, 전쟁에 나가도 가족들의 생활에 지장이 없을 만큼 부유한 로마 시민만 군인이 될 수 있었다. 자격이 되는 17세부터 47세 사이의 남성은 전쟁이 벌어질 때마다 군인으로 소집되어 전쟁을 치렀다. 이들은 열정적이고 사기가 높았으며, 군대도 잘 조직되어 저마다 맡은 일을 능숙하게 처리했다.

로마는 전쟁 상황이 아니라도 항상 전쟁에 대비하는 상비군을 두었다. 그리고 로마 제국이 점점 커지면서 국경을 방어하기 위해 더 많은 군인이 필요하게 되었다. 하지만 직접 보호구와 무기를 장만해서 군인이 될 수 있는 로마 시민은 점점 줄어들어 충분한 군인을 뽑기 힘들었다. 이 문제를 해결하기 위해 기원전 107년, 로마는 군인의 자격 기준을 바꿔 직접 무기를 장만할 수 없는 사람들도 군인으로 뽑기 시작했다. 국가는 군인에게 장비와 봉급을 지급했다.

한번 군인이 되면 25년간 군인으로 복무해야 그만둘 수 있었는데, 퇴직할 때는 농사를 지을 수 있는 땅이나 돈을 받았다. 이렇게 로마 군단병은 봉급을 받는 직업 군인이 되기를 스스로 선택한 사람들로 구성되어 있었다.

로마군의 훈련법

군인이 되면 우선 장비를 갖춘 뒤 줄을 맞춰 걸어가는 행군 훈련과 전투가 벌어져도 대열을 유지하는 훈련을 받았다. 수많은 적을 맞닥뜨려도 자기 자리를 지키는 '강철같은 규율'이 로마군이 승리하는 힘이었다.

군인들은 군대 조직 안에서 해야 하는 일과 동료들과 협력하는 방법을 익혔다. 달리기와 수영으로 기본적인 체력 훈련을 했으며, 처음에는 맨몸으로 힘을 기르다가 나중에는 갑옷을 입고 훈련했다. 무기를 다루는 훈련에서는 실제 무기보다 두 배나 무겁게 만든 칼과 창으로 연습해서 실제 무기를 가볍게 느끼도록 했다.

훈련을 마친 군단병은 국경의 부대에 배치되어 무거운 짐을 지고 걷기, 땅을 파고 요새 건설하기 등 필요한 기술을 배웠다. 군단병은 전쟁이 없을 때 주로 건설을 했는데, 필요한 물자를 보급하고 먼 곳과 소식을 주고받기 위해서는 길을 잘 만드는 것이 중요했기 때문이다. 군단병은 공성 무기를 만들고 성채나 요새를 짓는 데도 능숙했다.

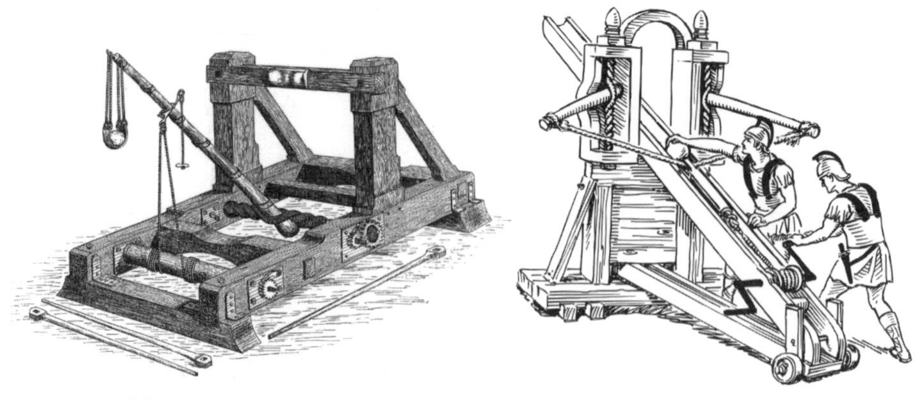

오나게르(왼쪽)과 발리스타(오른쪽)

로마군의 공성

로마군은 성벽을 부수는 공성 무기도 많이 사용했다. 로마군은 무거운 물체를 날리는 투석기 오나게르와 발리스타를 적극 이용했다. 이 무기들은 당시 매우 강력하고 효과적이었다. 돌이나 나무뿐 아니라 적군에게 공포를 심어주기 위해 죽은 적의 머리를 잘라 던지기도 했고, 전염병을 일으키고자 썩은 동물의 사체를 던지기도 했다. 공성 무기를 설치하고 정확히 발사하기 위해 로마군에는 수학과 공학 지식이 있는 숙련된 기술자가 있었다.

하지만 공성 무기만으로 잘 만들어진 요새나 주요 도시의 성벽을 무너뜨리지는 못했다. 성에서는 불화살을 쏘아 공성 무기를 태우고, 성벽을 오르는 군인에게 활을 쏘고, 돌을 던지고, 끓는 물이나 기름을 부었다. 공격하는 군대는 성벽 밑으로 굴을 파서 성벽을 무너뜨리거나 몰래 침입을 시도하기도 했다. 방어하는 군대가 굴을 발견하면 굴 안에서 싸움이 벌어졌다. 한 번의 전투로 성이 점령되는 일은 거의 없었으며 때로는 포위가 몇 년 동안 이어지기도 했다.

동서로 나뉜 로마와 유목민족의 습격

3세기 무렵 로마는 위기를 맞는다. 동쪽으로는 세력을 키운 페르시아가 국경을 위협했고, 북쪽으로는 게르만족이 침략해왔다. 내부에서도 50년 동안 황제가 26번이나 바뀌며 혼란과 무질서에 시달렸다. 여러 황제가 넓은 제국을 효과적으로 다스리는 방법을 고민하였고, 395년 테오도시우스 황제가 제국을 동과 서로 갈라 두 아들에게 하나씩 물려주며 로마는 서로마 제국과 동로마 제국으로 나뉘었다.

중앙아시아의 넓은 초원 지대에는 풀과 물이 많은 지역을 찾아다니며 생활하는 유목민이 살고 있었다. 이들은 어려서부터 말을 타는 데 익숙했고 활쏘기를 잘했다. 말을 타고 활을 쏘는 궁기병들은 빠르게 이동하고 포위해서 공격하는 전술에 능숙했다. 하지만 궁기병이 성이나 요새의 벽을 넘어 공격하기는 어려웠기 때문에 중국에서는 크고 높은 성벽을 쌓아 이들을 막았다.

5~6세기에는 중앙아시아의 유목민족인 훈족이 동유럽과 서유럽을 휩쓸었고, 지금의 프랑스 지역까지 진출했다. 훈족이 몰려오자 유럽에 자리를 잡았던 게르만족이 위기를 느끼고 남쪽으로 이동하면서

로마를 침략하기 시작했다. 결국 476년에는 게르만 족의 용병대장 오도아케르가 로마의 황제 로물루스 아우구스툴루스를 몰아냈고 서로마 제국은 멸망했다.

동로마, 비잔티움 제국의 군대

비잔티움 제국이라고도 하는 동로마 제국은 서로마 제국이 멸망한 이후에도 천여 년간 로마의 유산과 전통을 이어나갔다. 동로마 군대의 주력은 중무장한 기병이었는데, 말도 금속 갑옷을 입어 철갑기병이라고도 불렸다. 동로마 제국에는 지중해를 지배하기 위한 대규모 해군도 있었으며, 용맹하기로 이름난 북유럽 스칸디나비아 출신 용병을 적극적으로 활용했다.

오늘날 남아 있는 콘스탄티노플 3중 성벽, 제일 높은 안쪽 벽은 높이가 12m이다.

동로마 제국은 영토가 충분히 넓었기 때문에 다른 지역을 정복하기 위한 전쟁은 하지 않았다. 제국의 수도인 콘스탄티노플은 수백 년간 이슬람의 공격을 견뎌낸 높은 3중 성벽으로 유명했다. 성을 방어할 때, 혹은 바다에서 싸울 때는 그리스 불Greek fire이라는 화학물질을 사용했다. 이 불은 물로 끌 수 없고 습기를 만나도 잘 타오르는 성질로 적을 물리치는 데 큰 역할을 했다고 한다. 하지만 그리스 불을 어떻게 만들었는지 그 정확한 제조법은 오늘날에도 알지 못한다.

고대 중국의 군대와 군인

춘추 전국 시대

기원전 8세기 말, 주 왕조의 세력이 약해지면서 지방에 자리를 잡은 여러 제후가 힘을 길러 경쟁하기 시작했다. 이 시기를 '춘추 전국 시대'라고 한다.

춘추 전국 시대의 제후들은 저마다 군대를 키웠고 큰 전투가 벌어지면 수만 명의 보병과 수백 대의 전차가 동원되었다. 당시 전차는 가장 강력하고 중요한 무기였지만 약점도 많았다. 넓은 평원에서는 강한 위력을 발휘했지만, 언덕이 많거나 숲이 우거진 지역에서는 움직이기 힘들었다. 또한 비가 많이 와서 땅이 질어지면 바퀴가 진창에 빠져 움직이지 못했다. 이런 이유로 전차는 점차 보병과 기병에게 밀리게 되었다.

엄격한 상벌제도

당시 군대에는 엄격한 상벌제도가 있었다. 일반 병사가 적군 1명을 죽이면 병사 가족의 부역 의무와 세금을 없애 주었다. 적의 장교나 지휘관을 죽인 병사에게는 땅과 노예를 상으로 주었으며, 큰 공을 세우면 관직을 주었다. 그리고 당시 군인은 5명씩 하나의 단위인 오(伍)로 묶었는데, 만일 이 중 한 명이라도 도망가면 나머지 4명 모두를 귀양 보내는 등 엄격한 벌을 주었다.

기원전 5세기 이후 중국의 패권 다툼은 더욱 치열해졌다. 군대의 규모도 더욱 커져서 전쟁에는 수십만 명의 군인이 동원되었다. 보병의 중요성이 커지면서 전쟁에서 공을 세워 신분이 상승하는 평민들이 많아졌다. 대를 이어 군인을 직업으로 삼는 집안도 생겨났는데, 이들은 주로 지금의 부사관과 같은 군대의 하급 지휘관 역할을 했다.

과거에는 군대의 지휘관이 따로 있지 않았다. 전쟁이 일어나면 나라의 관리가 지휘관 역할을 했다. 하지만 전쟁의 규모가 커지고, 군대를 이끄는 데에도 전문 지식과 기술이 중요해지면서 군사 일을 맡아보는 관리, 무관이 따로 생겨났다. 전쟁에서 용맹을 떨치고 군대를 잘 이끌기로 유명한 지휘관은 여러 나라에서 대장으로 삼고자 하였다.

중국을 통일한 진시황의 병마용

기원전 3세기, 중국에는 7개 나라가 서로 다투고 있었다. 이 일곱 나라를 '전국칠웅'이라고 불렀는데, 그중 진나라가 다른 여섯 나라를 모두 멸망시키고 기원전 221년에 중국을 통일했다. 중국을 통일한 진나라 왕 영정(기원전 259~기원전 210)은 스스로 누구보다도 높은 공과 덕을 쌓았다고 주장하면서 '시황제'라는 이름을 사용했다.

진시황은 죽고 나서 여산(지금의 린퉁 구)기슭에 묻혔다. 진시황릉 동쪽에서는 흙으로 빚어 만든 병마용*과 마차가 발굴되었다. 보병, 궁수, 전차병, 기병 등 모든 종류의 군인이 당시 진나라의 군대 대형 그대로 배치되어 있었으며, 모형마다 수염과 얼굴 표정까지 자세히 표현되어 있었다.

병마용이 묻힌 구덩이

지금까지 약 8천 개의 병마용이 발굴되었는데, 아직 발굴되지 않은 것이 더 많다고 한다. 병용은 실제 무기도 들고 있었지만 후대 사람들이 몰래 훔쳐 갔으리라 짐작한다. 병마

* 군인과 말 모형. '용(俑)'이란 흙이나 나무로 만든 모형을 일컫는다. 군인 모형은 '병용', 말 모형은 '마용'이라고 한다.

용을 바탕으로 미루어보면 진나라 군대의 보병은 2m 70cm에 달하는 창, 혹은 도끼 창을 주로 사용했고, 장교는 전차를 타고 군대를 지휘했으며, 활을 들고 앞에 나가서 정찰하는 척후병과 전차 부대가 있었다는 것을 알 수 있다.

병마용에서 발견된 청동 검

진의 멸망과 한 왕조의 등장

진나라는 중국을 통일한 후 만리장성과 진시황릉 건축 같은 대규모 건설 공사를 했고, 여기에 수많은 백성을 강제로 동원해서 가혹하게 일을 시켰다. 견디다 못한 사람들이 반란을 일으켜 결국 진나라는 진시황이 죽은 지 4년만인 기원전 206년 멸망했다.

진나라의 뒤를 이은 한 왕조의 황제 무제(기원전 156~기원전 87)는 사방으로 군대를 보내 세력을 넓혔다. 고조선을 침략해서 멸망시킨 것도 한나라이다. 하지만 전쟁이 계속되자 경제 상황이 악화되었고, 점령한 지역에서 한나라에 반대하는 세력이 일어났

철갑기병

으며, 새로운 종교를 믿는 농민의 난(황건적의 난)과 내부 권력 다툼이 계속되었다.

한나라 군인 대부분은 23~56세 사이의 일반 백성 가운데에서 뽑은 징집병이었다. 징집병은 대부분 보병이었으며, 기병은 유목민족 출신이거나 귀족 출신의 전문 군인이었다. 전차를 모는 차병, 큰 강이나 해안가에서 배를 타고 전투를 하는 누선병도 있었다. 어떤 부대는 잘 훈련된 용감한 정예병으로 이루어져 있었지만 어떤 부대는 전쟁 참여를 조건으로 감옥에서 풀려난 죄수로 이루어져 있었기 때문에 사기가 낮고 훈련 상태도 형편없었다.

혼란의 시기에 발전한 군대

220년 내부 분열과 반란으로 한 왕조가 멸망한다. 이후 중국은 여러 나라가 세워졌다 몰락하는 혼란기에 접어드는데, 전쟁이 잦았던 이 시기에 군대와 무기, 전술이 발전했다. 특히 4세기 무렵에는 말을 탈 때 발을 디딜 수 있는 등자가 도입되었고, 말에 갑옷을 입힌 철갑 기병이 늘었다.

군대의 장교는 주로 귀족 출신이었다. 하지만 귀족 출신이라도 전문적인 군사 지식을 갖추고 훈련에 참여해야 했으며 전쟁에서 잘못을 저지르거나 패배하면 엄한 처벌을 받았다. 싸우는 방법, 군대를 이끄는 방법을 모아 놓은 병법서도 많이 나왔다. 전투에서는 깃발, 북,

징 등으로 명령을 내리고 군대의 사기를 높이기 위한 연주를 하고 노래를 부르기도 했다.

수·당 왕조의 군대와 군인

581년 수 왕조가 중국을 통일했다. 그러나 나라가 안정되기 전에 무리하게 고구려를 공격했다가 크게 패하고, 각종 노역에 동원된 백성들의 불만이 반란으로 터져 나와 나라를 세운 지 38년 만에 몰락했다.

수의 뒤를 이은 당나라는 중앙아시아까지 진출했으나 세력을 너무 넓게 펼쳐 나라의 국경을 유지하는 데 어려움이 있었다. 다른 나라와 전쟁하는 동안 세력을 키운 지방 군대의 사령관들이 스스로 황제가 되겠다고 반란을 일으켰으며, 살기 힘들어진 농민들도 들고 일어나 결국 당나라도 907년 멸망했다.

수나라와 당나라는 일정 지역에서만 군인을 모으는 부병제라는 제도를 운영했다. 전국에 절충부라는 관청을 설치하여 그 지방에 사는 21~60세 남자 중에서 군인인 부병을 뽑아 훈련시키고 전쟁에 동원한 것이다. 이들은 스스로 무기, 장비, 식량을 준비해야 했지만 대신 세금을 면제받고 다른 나랏일에 동원되지 않았다.

절충부의 장교들은 직업 군인이었지만, 부병은 평상시에는 농사를 짓다가 겨울철에 모여 군사 훈련을 받았다. 또한 교대로 수도나 국경 지역으로 가서 군인으로 근무했다. 부병은 전쟁이 터지면 즉각 소집할 수 있는 훈련된 군대였고, 농사를 지으며 자급자족했기 때문에 나랏돈이 적게 들었다. 그러나 전쟁 기간이 길어지면 물자를 보충하기 힘들었고, 마을에서는 젊은 사람이 모두 전쟁에 나가 농사짓기도 어려웠다.

국경 지역에서는 군대 사령관인 절도사가 그 지역의 군대를 지휘했다. 막강한 권력을 가진 절도사의 세력은 점점 커졌고, 절도사가 지휘하는 군대는 개인 군대처럼 변했다. 결국 절도사들이 반란을 일으켜 당나라 황제를 몰아냈다.

고조선부터 삼국 시대까지, 우리나라 군대와 군인

고조선과 중국의 전쟁

우리나라 최초의 국가인 고조선은 중국 연나라와 국경을 접하고 있었다. 기원전 4세기 연나라가 고조선을 침략했다는 기록이 우리 민족의 첫 전쟁 기록이다. 고조선은 동북쪽의 강대한 세력으로서 계속 주변 국가의 견제를 받았다. 기원전 109년에는 한나라가 수만 명의 군대를 동원해서 육지와 바다로 동시에 고조선을 공격했다. 결국 수도인 왕검성이 함락되고 고조선은 멸망했다.

동북아시아의 강자, 고구려

압록강 중류 지역의 부족들이 모여 세워진 고구려는 주변 작은 나라를 정복하면서 강력한 국가로 발전했다. 고구려는 특히 전쟁에 관

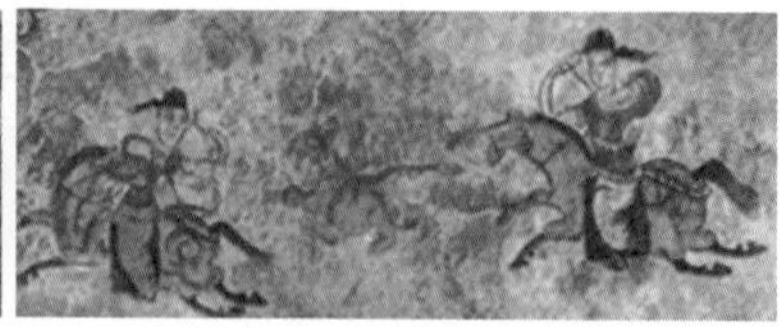

고구려 안악3호 옛 무덤 벽화의 철갑기병(왼쪽)과 사냥하는 모습이 담긴 덕흥리 고분 벽화(오른쪽)

한 일, 무술과 병법을 중요시 했다. 고구려의 옛 무덤에서 발견된 벽화에는 사냥하는 모습이나 군인이 전투하는 모습이 많이 등장한다.

고구려에는 왕을 호위하고 수도 방위를 담당하는 내군과 지방에 있는 외군이 있었다. 내군이 외군에 비해 훨씬 강력했다. '국인'은 무술이 뛰어나고 전투에 익숙한 전문 군인으로, 내군의 중심이었다. 이들은 전쟁에 나가는 것을 제외하고는 다른 일을 하지 않아서 좌식자, 즉 앉아서 먹는 사람이라고도 불렸다. 고구려는 국경이 맞닿아 있는 중국의 침입을 계속해서 막아내야 했다.

백제의 군대와 군인

한강 하류 지역, 오늘날 서울의 강남과 송파 일대를 중심으로 세워진 백제는 우리나라의 중부지역과 남서부 지역을 점령하여 세력을 넓혔다.

백제에는 수도를 지키는 중앙군과 지방군이 있었다. 고구려와 마찬가지로 백제의 군인에는 대대로 직업을 물려받는 전문 군인과 일반 백성 중에서 뽑는 징집병이 있었다. 전문 군인 집안은 나라에서 땅을 부여받았고, 직접 농사를 짓지 않고 무술 훈련에만 전념하면서 수도에 머물렀다.

삼국통일을 한 신라의 군대와 군인

지금의 경주를 중심으로 6개 부족이 힘을 합쳐 세운 나라가 바로 신라이다. 신라 초기 군대의 중심은 이 여섯 부족 출신의 군인들이었다. 이들은 중앙군인 내병으로서 수도에 자리를 잡았고, 지방에서는 농민을 군인으로 뽑아 그 지역을 지키게 했다. 그러나 내병이 때로는 왕의 명령이 아니라 출신 부족의 뜻을 우선적으로 따랐기 때문에 신라는 544년에 내병을 없애고 '대당'이라는 부대를 만들었다. 징집된 지방의 농민이 교대로 수도에 올라와 대당의 군인으로 복무했고, 대당의 장교와 지휘관은 수도 출신이었다. 이 외에도 스스로 지원한 자원병으로 이루어진 군대도 있었다. 신라의 백성 중 15~60세 사이의 건강한 남성은 국가에서 필요로 할 때 군인이 되어야 했다.

신라는 고구려, 백제와의 싸움에서 고전하다가 648년에 당나라와 동맹을 맺는다. 660년 신라와 당은 백제를 멸하고, 668년에는 고구려의 평양성까지 함락한다. 고구려가 멸망한 후 당나라는 옛 고구려의 영토를 모두 차지하려는 욕심을 냈다. 이에 신라는 670년부터 당나라와 싸워 이들을 몰아내고 평양 남쪽 지역을 손에 넣는다.

신라는 통일 후 중앙군으로 9서당을 새로 만들어 수도인 서라벌을 지킨다. 중앙군은 신라인으로 구성된 부대 3개, 고구려인으로 구성된 부대 3개, 백제인 부대 2개, 말갈인 부대 1개로 이루어져 있었다. 이들은 소속 부대에 따라 다른 색의 군복을 입었다. 중앙군에는 직업 군인과 징집병이 있었다. 직업 군인은 전쟁에 참여하는 보상으로 땅을 받았지만 징집병은 아무런 대가를 받지 못했다.

고구려의 뒤를 이은 발해의 군대

고구려 멸망 이후 당나라가 옛 고구려 땅을 지배했다. 이에 696년 고구려 장군 출신 걸걸중상과 그 아들 대조영이 고구려인과 말갈인을 모아 반란을 일으키고 지린성 둔화 지역에 새로운 나라, 발해를 세운다.

발해에는 수도를 지키는 중앙 군대 '십위'가 있었다. 군인은 당나라의 부병제와 같은 제도로 뽑았을 것으로 짐작한다. 발해는 전성기에는 중앙군 3만여 명, 전체 약 10만여 명의 군대를 가진 강국이었다.

중세부터 근대까지, 군대와 군인의 변화

거듭되는 전쟁을 거치며 무기와 전술이 발달하면서 군인과 군대도 큰 변화를 맞이했다. 군인들은 전문적인 훈련을 받았고 엄격한 규율을 갖춘 군대는 시간이 지날수록 규모가 커졌다. 수많은 사상자를 낸 두 차례의 세계 대전 이후 현대 군인은 각국의 평화를 지키기 위해 노력하고 있다.

기사부터 기관총까지,
서양 군대의 변화

믿음으로 싸우는 이슬람 제국의 군대

아라비아반도의 메카에서 태어난 무함마드(570~632)가 알라의 예언자로서 가르침을 전하며 시작된 이슬람은 전 세계로 퍼져나갔다. 서로마 제국의 멸망과 기독교의 득세로 인해 이단으로 몰려 빛을 잃어가던 많은 학문과 과학 기술이 이슬람으로 전해지면서 크게 번성했고 서양 발전에 큰 영향을 미쳤다. 이슬람은 거대한 제국이었지만 하나로 통일된 국가는 아니었으며, 세력을 넓히면서 외부와 많은 전쟁을 치렀을 뿐 아니라 내부에서도 수많은 다툼을 겪었다.

이슬람 전사의 가장 강력한 점은 종교적인 믿음을 기반으로 하는 용기와 사막에서 살아가며 기른 끈기였다. 이슬람에서 전쟁이란 신의 뜻을 받들어 이슬람을 보호하고 퍼트리는 성전, 지하드였다. 그래

7~8세기 이슬람의 영역

서 성전에 참여하는 무슬림*은 신에게 선택된 사람으로서의 열정, 복종, 천국에 대한 믿음으로 싸웠다. 이슬람에서는 노예를 병사로 삼기도 했지만 대부분의 병사는 일정한 보수를 받았고 전리품도 공평하게 나눠 가졌다.

이슬람 세력은 서쪽으로 진격했으나 비잔티움 제국이 이를 막아내어 두 국가는 수백 년에 걸쳐 전쟁을 치렀다. 또한 이슬람군은 남부 유럽의 이베리아반도(오늘날 스페인)를 점령하였고, 계속 북쪽으로도 진군했으나 프랑크 왕국을 넘지는 못했다.

* 이슬람을 믿는 사람

낙타와 낙타 기병

낙타는 사막에서 유용한 동물이었다. 낙타는 먹지도 마시지도 않고 무거운 짐을 지고 수백 킬로미터를 이동할 수 있었다. 낙타 한 마리를 잡으면 한 가족이 3~4개월 동안 먹을 수 있는 고기를 얻고, 가죽으로는 천막이나 담요를 만들 수 있었다. 낙타 젖으로는 요구르트나 치즈를 만들고, 낙타 똥은 불을 때는 연료로 쓰고, 오줌은 약으로 쓰거나 머리를 감는 데 사용했다.

낙타는 전쟁에도 이용되었다. 기원전 9세기경부터 낙타를 전쟁에 동원했다는 기록이 있다. 기원전 5세기 페르시아는 그리스를 침공할 때 낙타를 타고 활을 쏘는 군인을 용병으로 고용했다. 로마 군대에도 낙타 기병이 있어서 사막을 정찰하고 적의 동태를 감시했다. 20세기까지도 낙타는 아프리카 사막에서 벌어지는 전쟁에서 중요한 역할을 했고, 요즘에도 사막을 순찰할 때는 낙타를 타고는 한다.

낙타를 타고 순찰하는 유엔 평화유지군

유럽 대륙의 새로운 강자, 프랑크 왕국의 군대

6세기 이후 유럽은 혼돈에 빠졌다. 서로마 제국이 멸망하고 게르만의 여러 부족이 옛 로마 제국 땅을 차지하기 위해 서로 다투었으며, 많은 왕국이 새로 만들어졌다.

486년 프랑크족의 부족장이던 클로비스(446~509)가 프랑크 왕국을 세웠다. 프랑크 왕국은 힘을 키워서 6세기 초에는 과거 서로마 제국 영토 대부분을 차지했다. 클로비스가 기독교 신자가 되며 로마 교회도 클로비스를 지원했다. 8세기에 이슬람 세력을 이긴 프랑크 왕국은 전성기를 맞이했고, 800년에는 로마 교회가 프랑크의 왕 샤를마뉴(748~814)를 서로마 제국의 뒤를 이은 황제로 인정했다. 보병 위주로 이루어진 프랑크 왕국의 군대는 프란시스카라는 던지는 도끼를 사용했다.

프랑크 군대의 주력무기였던 프란시스카

영국의 군대

기원전 1세기부터 영국을 점령한 로마는 긴 장벽을 쌓고 장벽의 남쪽을 다스렸다. 하드리아누스 장벽이라고 불린 이 장벽의 북쪽은 스코틀랜드 지역으로 원주민이 살았으며, 고대 로마인들은 자신들이 다스리던 남쪽을 브리타니아라고 했다.

힘이 약해진 로마 제국이 브리타니아에서 물러난 뒤 게르만 일족인 앵글로색슨족이 브리타니아 대부분을 지배했다. 이들이 다스리던 지역을 앵글족의 땅이라는 의미로 잉글랜드England라고 했고, 여기에는 7개의 작은 왕국이 있었다.

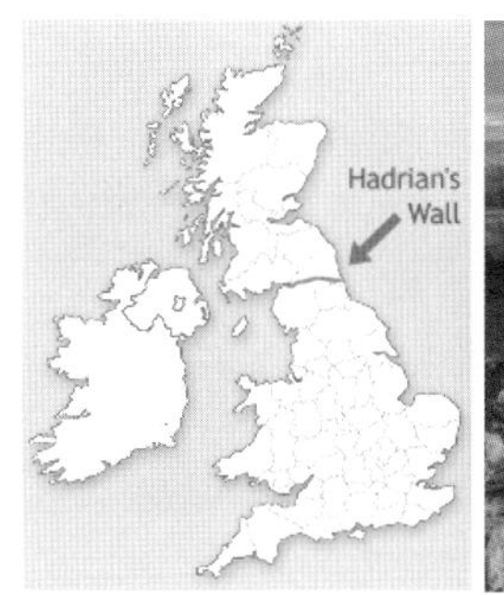

하드리아누스 장벽의 위치(왼쪽)와 지금도 남아 있는 장벽(오른쪽)

당시 전투에 참여하는 사람들이 훈련을 받고 규율을 갖춘 군인은 아니었지만 잦은 전투를 치르면서 칼이나 방패를 농기구만큼이나 익숙하게 다뤘다. 왕이나 지도자는 싸움에 참여할 전사를 직접 모집하기도 했는데, 충분히 모으기까지 시간이 걸렸기 때문에 배를 타고 이곳저곳을 침략하는 바이킹 같은 적을 막아내기는 힘들었다.

봉건제의 군대와 군인

8세기 말부터 유럽에는 봉건제가 자리 잡기 시작했다. 봉건제는 왕이 자기 왕국을 몇몇 영주에게 나눠주고 다스리게 하고, 영주는 그 땅을 다시 몇몇 부하에게 나눠주고 다스리게 하는 제도이다. 땅을 나눠준 사람과 땅을 받은 사람은 서로 계약을 맺어서, 땅을 받은 사람은 땅을 준 사람이 필요로 할 때 군대를 동원해서 같이 싸워야 하고, 정해진 만큼의 세금을 내야 했다. 반대로 땅을 나눠준 사람은 땅을 나눠

몸 전체를 둘러싼 금속판 갑옷을 입고 긴 창를 든 채 말을 타고 행진하는 기사의 모형
(메트로폴리탄 미술관)

받은 사람을 보호하고, 필요한 물자를 지원해야 했다.

이러한 봉건제 아래 유목민족이나 바이킹의 습격을 막기 위한 군대가 등장했다. 말이나 배를 타고 갑자기 나타나 마을을 습격하고 도망가는 군대에 대항하려면 빠르게 움직이는 기병이 꼭 필요했다. 숫자는 많지 않았지만 튼튼한 금속 갑옷과 투구, 무기를 갖춘 기병은 우수한 군인이었다.

가장 중요한 군인은 기사였다. 기사는 뛰어난 무술 실력을 갖춘 중기병으로 어려서부터 온갖 예절과 지식을 배웠다. 기사는 자기 돈으로 말과 갑옷, 무기를 장만해야 했다. 그래서 매우 부유한 귀족이 아니면 기사가 되기 어려웠다.

십자군과 유럽 군대의 변화

기독교 성지인 예루살렘을 포함한 팔레스타인 지역은 아랍 출신

이슬람이 지배하고 있었다. 이슬람은 세금만 내면 종교를 차별하거나 박해하지 않았으며 성지를 찾아오는 기독교인도 막지 않았다. 그러다가 11세기 중앙

14세기에 그려진 두 번째 십자군 전쟁

아시아 출신 셀주크족이 소아시아, 팔레스타인, 시리아 지역을 지배하면서 기독교 신자의 성지 순례를 방해했다. 이에 1095년 교황 우르바노 2세는 성지를 해방하기 위한 전쟁을 선언했고, 교황의 호소에 귀족들은 저마다 군대를 끌고 '십자군'을 결성했다.

1095년 처음 만들어진 십자군은 1272년까지 여덟 차례나 만들어졌지만, 딱 두 번 승리했다. 식량이나 물자가 떨어져 굶주림에 시달리기도 했고, 말을 타면서 활을 쏜 후 재빠르게 도망가는 이슬람 궁기병을 처음 상대하며 어려움을 겪었다.

유럽의 기사는 당시 가장 강력한 군인이었다. 20~30kg에 달하는 무거운 갑옷을 입고 칼이나 철퇴를 휘두르는 기사와 일대일로 맞서 싸울 수 있는 전사는 없었다. 그러나 이슬람 전사들도 차차 기사의 약점을 공격하는 방법을 알게 되었다. 한 명의 기사가 아무리 뛰어나다 해도 다수의 훈련된 군인을 당해낼 수는 없었다. 결과적으로 십자군

은 실패했지만, 유럽은 전쟁 동안 이슬람과 비잔티움 제국의 요새 건설 기술, 식량과 물자 보급의 중요성, 온갖 전술을 비롯해 문화와 기술을 습득했다.

화약 무기의 등장

14세기에 들어서면서 기사의 힘이 줄어들기 시작했다. 땅이 무른 곳에서 싸우면 말을 달리기 힘들어 기사들이 말에서 내려 싸워야 했다. 영국에서 기병을 상대할 수 있는 강력한 장궁을 사용하기 시작한 영향도 있었다. 그러나 결정적으로 기사가 몰락한 이유는, 화약이 폭발하는 힘으로 작은 금속 조각인 탄환을 강하게 쏘는 총이 등장했기 때문이다. 훈련받지 않은 병사도 총을 사용하면 평생 군사 훈련을 받고 튼튼한 갑옷을 입은 막강한 기사를 쓰러트릴 수 있었다.

장궁을 쏘는 궁수

화약이 사용되기 시작하면서 성을 공격하고 방어하는 방법도 크게 달라졌다. 커다란 돌이나 금속 포탄을 쏘는 대포가 등장했고, 대포를 전문적으로 다루는 포병과 포수가 생겼다. 대포를 이용하면 옛날에는 점령하는 데 몇 년이 걸렸을 성도 몇 달 만에 무너뜨릴 수 있었다. 몇 백 년 동안 이슬람의 공격에도 끄떡없이 버티던 콘스탄티노플도 커다란 대포를 앞세운 오스만 제국군에게 무너져 결국 1453년 비잔티움 제국은 멸망한다.

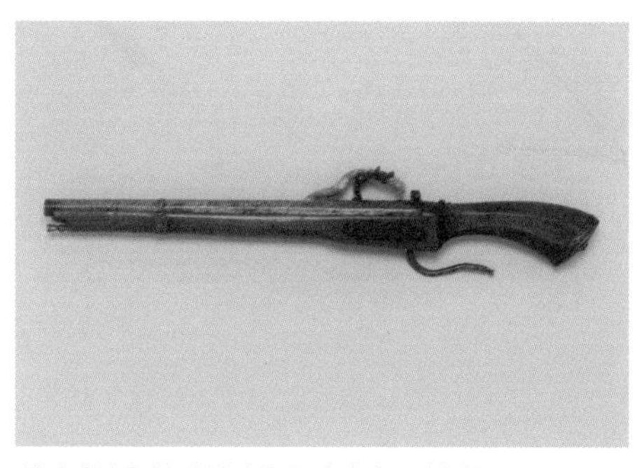
심지에 불을 붙여 화약을 폭발시키는 화승총

대포를 쏘는 사람들

군대는 대포를 조작하는 포수를 귀중하게 여겼다. 대포를 잘 다루려면 기술이 필요했는데, 특히 목표를 정확하게 맞추기 위해 거리를 재고 포의 몸통을 얼마나 높이 올려야 하는지 계산하는 수학 실력이 뛰어나야 했다.

유명한 과학자들도 대포 연구에 뛰어들었다. 이탈리아의 유명한 화가이자 조각가, 발명가인 레오나르도 다 빈치(1452~1519)는 여러 종류의 새로운 대포를 고안했으며, 같은 이탈리아의 수학자 타르탈리아(1499~1557)는 대포에서 쏜 포탄이 어떻게 날아가는지 계산해서 45도 각도로 쏠 때 포탄이 가장 멀리 날아간다는 것을 밝혔다. 타르탈리아의 연구는 물리적인 힘으로 날아가는 물체가 목표에 다다를

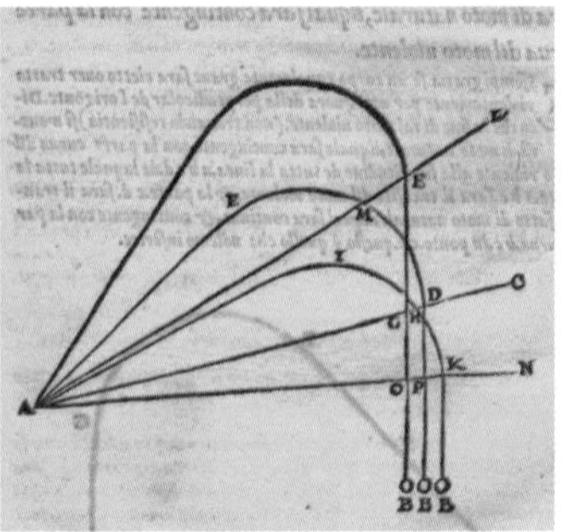

레오나르도 다 빈치가 고안한 대포 스케치(왼쪽)와 타르탈리아의 탄도학 계산(오른쪽)

때까지 움직이는 원리를 연구하는 탄도학 발전에 이바지했다. 탄도학은 지금까지도 무기 개발에 매우 중요한 분야로, 미사일이나 로켓을 만들 때 꼭 필요하다.

대포를 막기 위한 성채와 요새의 변화

높은 성벽은 강력한 대포를 막지 못했기 때문에 성벽의 높이는 낮아졌고 그 대신 둘러싸는 범위가 넓어졌다. 대포의 충격을 견디기 위해 요새의 기초 공사를 튼튼히 했고, 절벽이나 강, 숲 등 자연환경을 최대한 활용했다. 그리고 요새 안에도 대포를 설치했다. 잘 만들어진 요새는 강력한 군대의 공격에도 버텼다.

세바스티앙 보방

17세기에 공성 무기와 요새를 만드는 기술이 가장 뛰어났던 나라는 프랑스였다. 프랑스 왕 루이 14세의 최고 기술자 세바스티앙 보방(1633~1707)은 완전히 새로운 요새를 선보였다. 그가 만든 요새는 방어뿐만 아니라 공격 기지로도 훌륭했다. 보방은 요새와 성을 공격하는 능력도 뛰어났다. 그는 먼저 요새의 약점을 알아낸 다음, 군인이 몸을 숨길 수 있는 구덩이인 참호를 약점에 도달할 때까지 파고, 포병이 약점을 집중적으로 공격하게 했다. 참호가 성벽에 가까워지면 방어를 하던 군대는 지레 겁을 먹고 항복하는 경우가 많았다. 보방 같은 천재적인 기술자는 한 나라의 방어 체계, 군대 조직 전체에 영향을 미쳤다.

요새를 짓는 데는 설계사, 건축가, 목수 등 여러 분야의 장인이 필요했다. 방어를 위해 요새에 머무르는 군인도 생겨났는데 범죄를 저지르고 군인이 된 사람들, 나이가 들었거나 부상을 입은 군인들이 평소 요새를 지켰다. 그러다가 전쟁이 터지면 일반 군인들이 요새를 지켰다. 하지만 프랑스는 평상시에도 잘 훈련된

보방의 설계 원칙에 따라 만들어진 요새. 보통 별 모양 요새라고 한다. 숲과 물길을 이용해서 방어를 튼튼히 하고 있으며, 적이 어느 위치를 공격하더라도 요새 안에서 대포나 총으로 반격할 수 있다.

군인을 요새에 배치했다. 보방은 요새에 머무는 군인들의 사기도 중요하게 생각해서 먹을 것과 담배 같은 물자를 넉넉히 주었다고 한다.

완전히 달라진 근대의 군인

17세기 유럽의 군대와 군인은 이전과 크게 달라졌다. 창과 활을 사용하던 군인은 화승총병으로, 무거운 갑옷을 입고 창을 앞세워 돌격하던 중기병은 권총을 들고 빠르게 움직이는 기병으로 변했다. 총과 대포를 다루는 기술과 기술자의 역할도 더욱 중요해졌다. 또한 유럽의 여러 국가는 전쟁 때만 군인을 모집하던 기존 체계에서 벗어나 직업 군인으로 이루어진 상비군을 도입했다.

1618년부터 1648년까지 전 유럽이 전쟁에 휘말렸는데, 훗날 이 전쟁을 30년 전쟁이라고 이름 붙였다. 30년 전쟁 동안 상비군의 규모가 커졌고, 그만큼 전쟁과 피해 규모도 커졌다. 이 전쟁으로 독일 인구의 3분의 1이 전쟁 피해와 굶주림, 전염병으로 사망했다고 보는 학자도 있다. 17세기 초 각국의 상비군은 약 4~5만 명이었는데, 17세기 말에는 10만 명이 넘었다. 군대는 왕실 혹은 국가에 충성을 바치는 조직이 되었고, 군인은 몇 년에 걸쳐 복무하는 직업이 되었다.

같은 무기와 같은 제복

과거 전쟁에 소집된 군인은 무기와 제복을 각자 준비했다. 하지만 상비군은 병영에 모여 함께 생활했고, 무기를 비롯한 각종 장비를 나라에서 책임지고 보급했다. 많은 수의 무기와 옷을 국가에서 제공하면서 무기의 종류, 모양, 품질 등이 정해진 기준에 따라 통일되었다. 전투 중에 한 병사의 총알이 부족하면 다른 병사가 자기 총알을 나눠 줄 수 있었고, 고장이 난 무기의 부속품을 이용해서 다른 무기를 수리할 수도 있었다.

군대가 하나의 목적을 가진 통일된 집단이라는 것을 제일 잘 보여주는 것은 제복이다. 17세기 이전까지 군인은 같은 편이라는 것을 나

영국군의 붉은 군복

기마 연대(1687)

영국 육군은 붉은색 제복을 입기 때문에 '레드 코트(red coat)'라는 별명으로 불린다. 붉은색은 멀리서도 잘 보여서 적군도 쉽게 알아보았는데, 당시 총은 먼 거리를 쏠 수도 없었고 정확도도 떨어졌기 때문에 적군의 눈에 띄어도 큰 위험이 없었다. 군복이 붉은색인 이유가 피가 묻어도 잘 보이지 않아서 사기를 떨어뜨리지 않기 때문이라고 생각하는 사람도 있지만, 붉은색 염료가 제일 쌌기 때문에 붉은 천으로 군복을 만들었다고 한다.

타내기 위해 같은 모양의 배지를 가슴이나 모자에 달거나, 같은 색의 천을 팔에 완장처럼 둘렀다. 그러다가 스웨덴의 왕 구스타프 아돌프(1594~1632)가 처음으로 부대별로 옷의 색을 지정해서 입게 했다. 17세기 중반 영국의 정치가 올리버 크롬웰(1599~1658)은 영국 군대의 색을 베네치아 빨강으로 정했다.

17세기 말에는 유럽의 대부분 나라가 부대마다 독특한 색의 제복을 도입했다. 눈에 잘 띄는 화려한 색이 많았는데, 잘 단장한 멋있는 군대는 왕의 자랑거리였다. 하지만 19세기에 멀리 있는 목표도 정확히 맞추는 총이 보급되면서 화려한 색의 군복은 점차 사라졌다.

용병의 번성과 몰락

30년 전쟁이 치러지는 동안 수천 명의 용병이 활약했다. 용병은 돈으로 고용되었는데 대부분 저마다의 특기가 있었다. 고대 군대에서도 궁수나 돌팔매 병은 주로 용병이었으며, 로마에서도 스페인 섬 출신 돌팔매 병, 에게해 지역 출신 궁수, 북아프리카 출신 기병을 용병으로 고용했다. 이슬람에서도 건장한 게르만족을 경호원으로 고용했고, 기독교인 기사를 호위병으로 썼다.

용병은 특정 왕이나 나라를 지지하지 않고 돈을 주는 사람을 위해 싸웠다. 하지만 용병은 때로 자기를 고용한 주인을 배신하거나, 돈만 받고 싸우는 흉내만 내기도 했다. 용병은 사회가 불안할 때 늘어났는

전쟁에 나가는 사람, 스위스 용병

바티칸의 스위스 근위대

15~16세기에 유럽에서 가장 이름을 떨친 용병은 스위스 출신 '라이슬로이퍼'로 '전쟁에 나가는 사람'이라는 뜻이다.

스위스는 농사나 목축이 어려운 산악 지방의 가난한 나라였기 때문에 많은 젊은이들이 용병이 되었다. 긴 창으로 무장한 스위스 용병은 유럽 여러 나라에서 활약했는데, 용감하게 싸운 것은 물론 불리해도 도망치지 않고 배신하지 않기로 이름을 날렸다.

프랑스 혁명 당시 루이 16세의 스위스 용병 호위대가 모두 왕을 지키다 죽은 것은 유명한 일화다. 17세기 이후 총기가 발달하며 스위스 용병대의 위력은 꺾였지만, 그 이후에도 오래 활약했다. 19세기 스위스는 용병을 법으로 금지했지만 아직도 로마 교황청은 용병으로 바티칸의 스위스 근위대를 고용한다.

데, 30년 전쟁 당시 많은 군인이 용병이었다. 당시 유럽의 가난한 국가였던 스위스, 스코틀랜드, 아일랜드, 웨일스 등에서 용병이 많이 나왔다. 여러 나라를 돌아다니며 군대의 지휘관 자리를 맡는 뛰어난 실력의 용병도 있었다.

군함의 발전, 노에서 돛으로

로마가 지중해 전역을 지배하게 되면서 바다에서 큰 전투가 벌어지는 일이 줄어들었다. 해적을 퇴치하는 것이 해군의 주요 임무가 되면서 크기는 줄고 속도가 빠른 군함이 등장했다.

이슬람과 맞서 싸워 바다를 지배하기 위해 더 크고 빠른 배가 필요했던 비잔티움 제국은 드로몬이라는 군함을 만들었다. 총 50개의 노를 2단으로 배치했는데, 200명의 선원 중 50명은 노 젓는 일만 했고, 나머지는 노를 젓다가도 전투가 벌어지면 나서서 싸웠다. 또한 돛을 달아서 바람의 힘으로 항해를 할 수도 있었다. 싸우는 방법도 바뀌어서 충각으로 적의 배를 들이받는 대신 갈고리를 던져서 배를 끌어당겨 싸우는 방법을 많이 썼다.

14세기에 들어서면서 드로몬이 변형된 갤리 군함이 등장했다. 과거의 3단 노선과 거의 비슷한 크기로, 지휘관과 전투원, 노잡이를 포함해서 많으면 300명에 가까운 사람들이 탔다. 노를 젓는 방식도 달라져서 이전에는 한 명씩 서로 다른 높이에서 노를 저었는데 16세기부터는 4명 이상이 커다란 노 하나를 저었다. 이 방식은 제일 안쪽에 있는 사람만 숙련된 노잡이면 되기 때문에 바깥쪽 노잡이로는 죄수나 노예를 썼다.

16세기가 지나면서 돛을 달아 바람의 힘으로 움직이는 범선이 바다의 주인공이 되었다. 지중해를 벗어나 대서양과 태평양 같은 큰 바다로 나가자 노를 젓는 배로는 항해하기 어려웠다. 많은 수의 노잡이를 구하는 것부터 식량과 물을 보충하는 문제도 있었다.

화약을 이용한 무기가 발달하면서 바다에서도 총과 대포를 사용하기 시작했다. 초기 대포는 포탄이 멀리 나가지도 않고, 걸핏하면 쏘는 과정에서 터져서 포수가 다치거나 죽는 일도 많았지만 16세기에 튼튼한 대포가 만들어지면서 본격적으로 해전에 활용하기 시작했다. 하지만 표적을 맞출 수 있는 거리가 짧고, 포탄을 한 번 발사한 후 다음 발사까지 시간이 걸렸기 때문에 배가 가까이 붙기 전까지 기껏해야 1~2발을 쏠 수 있었다. 17세기가 되면 포격전이 해전의 중심이 되면서 세 개의 커다란 돛대와 100문 이상의 대포를 장착한 강력한 전열함이 바다를 주름잡았다.

17세기 영국의 전열함, 바다의 제왕호

기술의 발전과 싸우는 방식의 변화

18~19세기는 서양에 사회, 기술적으로 큰 변화가 일어난 시기였다. 19세기 말에는 명중률이 높고 연사 속도가 빠른 총이 개발되면서 몸을 숨기고 표적을 겨냥해서 총을 쏘는 전투방식이 자리 잡았다. 공격보다는 방어하는 것이 유리했기 때문에 적이 먼저 공격하도록 속

이는 작전이 중요했다. 또한 화려한 제복 대신 눈에 잘 띄지 않고 풀이나 돌과 같은 자연환경을 이용해서 몸을 숨길 수 있는 진한 초록, 황갈색, 회색 군복을 입기 시작했다.

기술의 발전으로 강력한 폭발력을 가진 포탄, 1분에 수백 발을 쏠 수 있는 기관총 같은 무기가 개발되었다. 증기 기관을 이용한 기차로 물자를 수송하고, 전기로 통신하는 전보를 이용하면서 전쟁의 모습도 달라졌다. 군대의 규모도 커져서 19세기 유럽 각국은 저마다 10만 명이 넘는 군대를 가졌다. 군인은 대부분 그 나라의 국민으로서 국가를 위해 충성을 바쳤으며, 국가는 군대를 유지하기 위해 국민이 일정한 나이가 되면 강제로 징집했다. 직업 군인은 일부였고, 용병은 사실상 사라졌다. 또한 군대에 필요한 보급, 통신, 교육, 무기 정비 등을 위해 민간인이지만 군대에서 일을 하는 군무원이 늘었다.

장교를 훈련하는 학교

19세기 초 영국과 프랑스, 미국, 독일은 장교를 훈련하는 대학을 세웠다. 1812년 영국에서는 샌드허스트 군사대학을 만들어 기병과 보병 장교를 길러냈고, 미국은 웨스트포인트 사관학교를 세웠다. 이렇게 군사대학, 사관학교에서 전문적인 훈련을 받고 군인을 평생 직업으로 삼는 사람들이 본격적으로 나타났다. 이전보다 규모가 커지고, 복잡해지고, 기술적으로 발전한 군대를 지휘하고 관리하기 위해서는

영국 샌드허스트 군사대학(왼쪽)과 미국의 웨스트포인트 사관학교(오른쪽)

전문적인 교육과 훈련을 받은 사람이 필요했다.

근대 동아시아 군대와 군인의 변화

● 중국

송나라와 유목민족 왕조

960년 중국은 송나라에 의해 통일된다. 송나라는 군인을 강제 징집하지 않았고, 군인은 나라에서 봉급과 식량을 받았다. 주로 가난하거나 범죄를 저질렀던 사람들이 군인이 되었기 때문에 군인의 사회적 지위는 낮았다.

거란족은 몽골 동쪽 지역의 유목민족으로 주변 부족을 정벌해서 916년 요나라를 세웠다. 요나라가 송나라를 공격하자 송나라는 이들이 더 쳐들어오지 않도록 매년 비단과 금을 바쳤다.

거란족의 북쪽에는 여진족이 있었는데, 이들은 요나라에 대항해서

1115년 금金을 세운다. 금나라와 송나라는 손을 잡고 1125년 요나라를 멸망시킨다.

금나라는 손잡았던 송나라를 공격해 황제를 사로잡았다. 이에 송나라는 남쪽으로 수도를 옮기고 금나라에 맞서 싸웠다. 그러나 결국 송나라와 금나라 모두 몽골에 의해 멸망한다.

세계 최강의 몽골 기병

1206년 몽골을 하나로 통일한 칭기즈 칸(1162~1227)은 중앙아시아의 여러 나라를 정복하며 세력을 뻗어나갔다. 칸은 중국, 러시아를 지나 오스트리아와 독일 가까이 나아갔고 지금의 이란, 이라크 지역도 영토로 삼았다. 동쪽으로는 고려를 침략하고 일본을 정복하기 위해 군대를 보내기도 했다.

칭기즈 칸 (대만국립고궁박물원)

몽골이 거대한 제국을 세울 수 있었던 가장 큰 힘은 말을 타고 활을 쏘는 데 능한 몽골의 기병이었다. 유목민족인 몽골인은 두세 살만 되어도 말을 탄다고 할 정도로 말을 타는 데 능숙했다. 17세부터 70세 사이의 남자는 전쟁이 벌어지면 의무적으로 군인이 되어야 했는데, 징집병은 실력

14세기에 그린 몽골 기병 그림 (베를린 주립도서관)

이 뛰어났고, 전리품을 나눠 가졌기 때문에 사기도 높았다.

몽골 기병은 주로 빠르게 달려 나가 활을 쏘는 궁기병이었지만, 창을 들고 돌격하는 중기병도 있었다. 이들은 하루에 80km를 이동할 수 있었는데 유럽 기사에 비하면 2배나 먼 거리였다. 게다가 말린 양고기처럼 상하지 않고 휴대도 간편한 식량을 가지고 다녀서 먼 곳에서 오래 전쟁할 수 있었다.

명나라의 새로운 군대

1271년 칭기즈 칸의 손자인 쿠빌라이 칸(1215~1294)이 현재 중국과 몽골 지역을 지배하며 중국을 통일하고 나라 이름을 원元으로 바꾸었다. 1368년에는 농민 반란군을 이끌던 주원장(1328~1398)이 원나라를 몰아내고 새로운 왕조 명나라를 세웠다.

1364년 명나라는 '위소제'를 실시해서 군대를 개편했다. 전국 500여 곳에 '위'를 두고 각 위마다 5천 6백 명의 군인을 배치하여 그중 5분의 4는 농사를 지어 식량과 물자를 마련하고, 5분의 1만 실제 군인으로 일하는 제도였다. 수도인 북경 근처에는 수도를 지키는 수비대 '경군'과 황실 경호를 맡은 '친군위'가 있었다.

명나라는 백성을 호戶로 구분했다. 호는 한 집안을 일컫고, 이를 기록한 것이 호적이었다. 백성은 자기가 속한 호적을 함부로 벗어날 수 없었다. 군인으로 복무하는 집은 '군호'였는데, 군호는 남자 한 명을 군대에 보내야 했고 이들을 '정군'이라 했다. 정군을 보조하는 남자 한 명도 함께 군대에 갔는데 이들을 '여정'이라 했다. 여정은 정군에게 사고가 생기면 정군을 대신했다.

군호는 남자 한 명을 군에 보낸 대신 국가로부터 땅을 받아 농사를 지었고, 이렇게 번 돈으로 정군에게 필요한 비용을 마련했다. 국가에서는 정군에게 쌀이나 돈을 주었다. 그러나 보상이 제대로 이루어지지 않아서 도망을 가는 정군이 많았고 결국 15세기에는 정해진 군인 수의 절반만 남아 있었다. 16세기 명나라 군대의 대부분은 군호에서 뽑은 정군이 아니라 돈을 받고 지원한 일반인이었다. 이들은 주로 집 없이 떠도는 유랑민, 죄수, 도적 출신들이라 규율도 잘 지키지 않고 사기도 낮았다.

청나라의 군대, 팔기와 녹영

만주 일대에 자리 잡고 있던 여진족은 1636년 명나라를 몰아내고 청淸 왕조를 세웠다. 청나라 군대의 중심은 색과 모양이 다른 깃발로 군대를 구분하는 '팔기군'이었다. 각 기에는 약 7천 5백 명의 군인이 있었는데 이들은 모두 직업 군인이었다. 18세기에는 한족으로만 구성된 '녹영군'을 만들어 각 지방 도시를 지켰다.

19세기에 접어들며 청나라 군대는 점점 약해졌는데, 오랫동안 전쟁이 일어나지 않았기 때문이다. 또한 군대에 총이 보급되었으나 그 수가 많지 않아 대부분 칼과 활을 사용했다.

서양의 침략과 청나라의 몰락

18세기에 유럽의 여러 나라는 중국과 교역을 하고 싶어 했다. 영국은 인도에서 마약인 아편을 가져다 중국에 팔았다. 아편 중독이 심각한 사회 문제가 되자 1839년 청나라 정부는 아편을 몰수하고 영국인 아편 상인을 추방했다. 영국은 이에 반발하였고, 결국 1841년 청나라와 영국 사이에 전쟁이 일어났다. 이 전쟁을 아편 전쟁이라고도 한다.

청나라는 신식 무기로 무장한 영국 군대를 이겨내지 못했으며 홍콩을 영국에 넘겨주고 항구를 열었다. 청나라는 그 이후 서양 여러 나라에 여러 권리를 조금씩 내어주었으며 권위는 땅에 떨어졌다. 청나라는 서양 세력에 대항하기 위해 군사학교를 세워서 서양식 군인을 양성했다. 신식 교육을 받은 군인들은 중국 군대가 변화하는 데 큰 영향을 미쳤다. 하지만 계속된 내부 반란과 외국과의 전쟁에서의 패배로 힘을 잃은 청나라는 결국 1911년 신해혁명으로 멸망한다.

제1차 아편 전쟁에서 1841년 동인도 회사의 철 증기선 네메시스가 청나라의 전선을 파괴하는 그림(1843)

• 우리나라

후삼국 시대와 고려의 통일

8세기 이후 신라의 귀족은 사치와 향락에 젖어 있었으며, 누가 왕이 되느냐를 두고 서로 싸우기 일쑤였고 나랏일을 제대로 돌보지 않았다. 흉년과 전염병으로 농민의 생활은 점점 어려워졌다. 먹고 살기 힘든 농민에게서 국가는 가혹하게 세금을 거두었고, 결국 참다못한 백성들이 무리를 지어 관청을 습격하며 반란을 일으켰다. 이들 중 강력한 세력이 나라를 새로 세웠는데, 견훤(867~936)이 나주, 광주, 전주를 중심으로 후백제를 건국했고 궁예(869?~918)가 강원도, 경기도, 황해도 지방에 후고구려를 세웠다.

후백제와 후고구려, 신라가 치열하게 싸웠고 최후의 승리자는 궁예의 부하 장군이었던 왕건(877~943)이었다. 왕건은 부하를 의심하고 함부로 사람을 죽이던 궁예를 몰아내고, 918년 후고구려의 이름을 고려로 바꾸었으며 신라의 항복을 받아낸 뒤 후백제를 물리치며 통일 왕국을 만든다.

고려의 군대, 중앙군과 지방군

고려의 군대는 수도인 개경(지금의 개성)에서 왕실과 수도를 지키는 '중앙군'과 각 지역을 지키는 '지방군'으로 나뉘었다. 중앙군에는 2군과 6위의 8개 부대가 있었다. 2군은 왕의 직속 부대로 왕을 호위했고, 6위는 수도를 방어하고 북쪽 국경 지대에서 외적을 막았다. 고려의 북부는 여진, 거란, 몽골 등 외부와 직접 국경을 맞대는 특수한 지역이어서 요새와 성을 짓고 '주진군'이 지켰다. 중부와 남부에는 '주현군'이라는 지방군이 있었다.

고려의 군인, 직업 군인과 농민병

군인은 보통 한창 일을 하는 나이의 건강한 남성이었다. 이들이 군대에 가면 농사를 짓고, 가축을 기르고, 장사를 할 사람이 부족해져서 나라의 경제가 휘청거렸다. 이를 방지하려면 국가가 지원을 해줘야 하는데, 군인이 많으면 군인들의 봉급으로 나랏돈이 다 나가고 군인이 너무 적으면 외적의 침입이나 내부 반란에 대응하기 힘들었다. 군대를 효율적으로 운영하는 것은 나라의 운명이 걸린 중요한 일이었다.

고려는 직업 군인에게 군인전이라는 땅을 주고 그 땅에 농사를 짓거나 나무를 심어서 나오는 수입을 가지게 했다. 군인은 이 돈으로 가족의 생활을 책임진 것은 물론이고 무기, 군복, 식량 등을 직접 준비했다. 군인전은 60세가 넘으면 국가에 반납하는 것이 원칙이었지만, 대부분 아들이 아버지를 이어 군인이 되었기 때문에 군인전도 물려받았다.

의무 군인도 있었다. 농민 중에서 군인으로 뽑힌 사람들은 정해진 기간 동안 자기가 사는 지역이나 수도, 국경 지역에서 교대로 복무했다. 이들은 따로 보상을 받지는 못했으나, 국가에서 지정한 다른 두 집이 군대에 간 사람의 가족에게 힘을 보태 함께 농사를 짓고 생활에 필요한 것을 보탰다. 중앙군에는 직업 군인과 농민군이 섞여 있었으며, 지방군은 농민군 위주였다.

농민군도 어느 정도 자기 땅을 가지고 있어야 될 수 있었다. 아예 먹고살 만큼의 땅도 없는 농민은 군인으로 뽑지 않았다. 하지만 군인이 부족하거나 전쟁이나 도적의 침입으로 많은 수의 군인이 필요할 때는 가난한 농민이나 승려, 퇴직한 관리들도 군인이 되었다. 고려 말기에는 하급 관리나 통역관도 군인이 되었고 노비도 군인으로 뽑혔다.

군대를 지휘하는 무관

직업 군인과 농민군은 일반 병사였다. 지휘를 하는 '무관'도 중앙군과 지방군으로 나뉘었다. 고위 관리가 가족인 사람은 중앙군의 무관이 될 수 있었다(음서제). 때로 하급 장교 자리가 비면 중앙군 중에서 능력이 뛰어난 사람을 뽑아 무관으로 임명하기도 했으며, 도둑을 잡는 등 공을 세운 사람을 특별히 무관으로 삼기도 했다. 지방군의 무관은 지방 행정 관청의 관리(향리)가 겸해서 맡았고 때로 지방군에서 뽑기도 했다.

무관은 적과 맞서 싸워야 해서 기본적으로 체격이 건장하고 힘이 세며 용맹하고 날래야 했으며, 활쏘기와 말타기에 능숙해야 했다. 그래서 무관이 되려는 사람은 무예 시험에 통과해서 자질을 증명해야 했다.

고려의 해군

과거에는 강이나 바다에서 배를 타고 싸우는 군대를 '수군' 혹은

'주사'라고 불렀다. 서해와 남해에서 치열한 전투가 이어지던 후삼국 시대에 비로소 '해군'이라는 이름이 나오기 시작한다. 후백제에는 '해군장'이라는 벼슬이 있었고, 고려를 세운 왕건도 궁예에게 '해군대장군'이라는 직위를 받았었다고 한다.

고려는 육군 위주로 전쟁을 벌였기 때문에 해군의 규모는 줄었지만 여전히 중앙군인 6위의 하나인 천우위에 1천 명의 해군이 있었다. 이들은 서해에서 개경으로 들어오는 물길인 예성강 하류를 지키고 물길을 따라 오는 외국 사신들을 맞이하는 역할을 했다. 중요 도시인 서경(지금의 평양)을 지키는 부대에도 해군이 따로 있었다.

조선의 건국과 군사 제도

고려 말, 왕실은 권위를 잃었으며 권세를 가진 귀족들이 힘없는 백성들을 착취하여 거대한 부를 쌓고 마음대로 정치를 했다. 당시 상황을 바꾸고 싶었던 신진사대부는 군대 사령관인 이성계를 앞세워 고려 왕실을 몰아내고 조선을 세웠다.

조선은 군대를 재정비했다. 우선 중앙군을 다섯 개의 부대(5위)로 나누어 수도를 방어하고 왕실을 보호했다. 그 외에도 군사 훈련을 담당하는 '훈련원', 왕실을 경비하는 '내금위', 왕을 호위하는 기병 부대 '겸사복' 등을 두었다. 또한 전국 모든 고을마다 군인을 두었으며, 고을의 수령이 지휘관 역할을 했다. 이를 '진관체제'라고 한다. 진관체제는 마을을 약탈하려는 도적을 막는 데에는 효과적이었지만, 군인이 여러 고을에 나뉘어 있어 대군이 침입하면 방어하기 어려웠다. 그래서 위급할 때는 여러 고을 수령이 군대를 이끌고 정해진 곳에 모여서 적을 무찌르는 방법인 제승방략을 택했다. 이러한 조선의 군사제도는 임진왜란 이후 다시 큰 변화를 맞이한다.

조선의 병역 의무

조선 시대에는 노비가 아닌 모든 양인이 병역 의무를 졌다. 병역을 치르는 두 가지 방법이 있었는데 하나는 군인인 '정병'이 되어 복무하는 것이었고 다른 하나는 군대가 필요로 하는 비용을 지불하는 '보인'이 되는 것이었다.

정병은 따로 봉급을 받지 않았다. 그뿐만 아니라 필요한 무기, 장비, 식량을 알아서 마련해야 했다. 기병이 된 사람은 말과 말먹이, 안장 등도 스스로 장만해야 했다. 보통 농민은 혼자서 그 부담을 견딜 수 없었기 때문에 국가에서는 정병 한 사람에게 보인 여럿을 묶어 필요한 비용을 대도록 했다. 보병에게는 두 명의 보인, 기병에게는 세 명의 보인이 있었다.

정병은 매달 보인으로부터 받은 무명을 되판 돈으로 군대 생활에 필요한 장비와 식량 등을 구했다. 부유한 집안에서는 보인이 되어 편안히 병역의 의무를 마치려 했다. 반면 가난한 사람이 보인이 된 경우

무명을 마련하지 못하고 정병의 횡포에 시달리다가 도망쳐서 노비가 되거나 산에 들어가 승려가 되기도 했다. 이러한 이유로 조선 초기 농민들은 정병이 되는 것을 선호했다.

나라에서는 수군이 되는 사람에게는 고기잡이를 하거나 소금을 만들 수 있는 권리를 주기도 했고 보인도 3명이나 붙여주었다. 그러나 수군은 워낙 힘이 들어서 사람들은 수군이 되기를 피했다.

조선의 직업 군인, 갑사

조선의 대표적인 직업 군인은 '갑사'이다. 원래 갑사는 이성계를 호위하던 병사들이었는데, 이성계가 왕이 된 후에 중앙군에 속해 왕실의 경호나 수도 경비를 맡았다. 이들은 하급 관리로서 국가에서 주는 보수를 받았다. 그리고 갑사 한 명마다 보인 다섯 명이 비용을 지원했다. 실력이 뛰어난 갑사는 지방 고을 수령이나 군 지휘관으로 승진하기도 했다.

하지만 아무나 갑사가 될 수 있는 것은 아니었다. 4대 조상 중에 천한 직업에 종사한 사람이 없어야 했으며, 수만 평의 넓은 땅과 5~6명 이상의 노비가 있어야만 갑사에 지원할 수 있었다. 정식 부인이 아닌 첩의 자식인 경우에도 갑사에 지원할 수 없었다. 지원 자격이 되는 사람 중에서도 활쏘기와 말타기, 무거운 돌 들고 걸어가기 등 시험에 합격한 사람만 갑사가 되었다. 갑사가 된 후에도 매달 시험을 치렀고,

호랑이를 잡는 착호갑사

1896년 최초 촬영된 것으로 추정되는 조선 호랑이 사진 (KBS 1TV 〈KBS스페셜〉)

조선 시대 호랑이는 마을로 내려와 사람을 해치는 큰 위협이었다. 때로는 도성 안에 들어와 사람을 잡아먹기도 하고, 궁궐에도 나타났다. 조정은 호랑이를 퇴치하기 위해 전문적으로 호랑이를 사냥하는 '착호갑사'라는 군인을 두었다. 착호갑사는 호랑이를 발견하면 먼저 활을 쏘아 상처를 입힌 후 가까이 다가가 창으로 찔러 잡았다.

시험을 통과하지 못하면 쫓겨났다. 이렇게 뽑힌 갑사는 중앙군의 주력 군인이었다.

조선의 다양한 군인

갑사 외에도 신분이 확실하고 무술이 뛰어난 군인은 '별시위'가 되어 왕을 호위했다. 과거 시험 중 무과에 합격한 사람은 우선 이 별시위에 배치되었다가 군대의 지휘관이 되었다. 무과에서는 활쏘기와 말을 타는 실력을 보았고 나중에는 화승총 쏘기도 시험했다.

그 외에도 함경도 출신 군인들인 '친군위', 힘이 세고 달리기를 잘

하는 '파적위', 천민 출신이지만 신체 능력이 뛰어난 사람을 모은 '장용위', 힘이 센 사람을 뽑아 방패를 들게 한 '팽배', 명령이나 소식을 전하는 '대졸' 등이 중앙군에 속한 직업 군인이었다. 왕실의 친척이나 고위 관리의 아들, 나라에 공을 세운 가문의 자손이 복무하는 부대를 따로 만들기도 했다. 또한 양인인지 천민인지 애매한 사람이 군인으로 복무를 마치면 양인의 지위를 주는 '보충군'이라는 곳도 있었다.

조선 군인이 하는 일

조선 시대 중앙군에 속하는 군인은 순번을 정하여 수도에서(상번) 군인으로서 맡은 일을 했고, 기간이 다 되면 다시 고향으로 가서(하번) 농사를 짓는 등 일상생활을 했다. 지방군도 마찬가지로 정해진 기간 동안 군인으로 지내다가 다시 집으로 돌아갔다. 하지만 갑사와 같은 직업 군인은 집에 돌아가서도 각 지역을 방어하거나 도적을 퇴치하고 화재를 진압하는 등의 일을 했다. 또한 왕릉 건설, 성곽 보수 등에 동원되기도 했다.

하번 기간에도 여러 고된 훈련과 임무를 하느라 살림살이를 돌보기 힘들어서 점차 군인이 되는 것을 회피하는 사람이 늘어났다. 돈을 들여 다른 사람을 대신 군인으로 보내는 이들도 있었다.

조선 후기, 군대의 변화

조선 초기 갑사는 강력한 정예 군인이었다. 갑사는 풍족한 지원을 받았고 출세 기회도 있었다. 이에 돈으로 사람을 고용해 대리 시험을 보게 하여 갑사가 되는 사람들이 늘었고, 갑사의 수는 늘었지만 실력은 떨어졌다.

정병은 기병과 보병으로 이루어져 있었다. 기병은 말과 말을 타는 데 필요한 도구를 직접 갖춰야 해서 주로 사회적 지위가 높거나 부유한 계층이었다. 그러나 시간이 지날수록 말을 준비하는 데 점점 소홀해져서 이름만 기병이고 실제로는 말이 없는 경우가 많았다.

보병은 기병보다 상황이 더 나빴다. 무기나 군복을 제대로 갖추지 못한 것은 물론이고, 군사 훈련보다는 건설이나 토목 공사에 주로 동원되었다. 조금이라도 형편이 되는 사람은 돈을 들여 다른 사람을 군대에 대신 보냈는데, 이를 대립이라고 했다. 16세기가 되어서는 나라에서도 공식적으로 대립을 허용했다.

임진왜란과 군대조직의 정비

16세기 말, 일본의 침략을 받은 조선 군대는 초반에 제대로 대응하지 못하고 무너져버렸다. 이에 조정은 비록 전쟁 중이었지만 군사 제도를 크게 바꿨다.

1593년에는 명나라와 함께 한 일본과의 전투를 교훈삼아 새로운 전술을 고안하고 이를 바탕으로 수도방위군인 '훈련도감'을 만들었다. 훈련도감에는 화승총을 쏘는 포수, 활을 쏘는 사수, 창과 칼, 방패를 들고 싸우는 살수가 있었다.

임진왜란 이후에는 훈련도감을 포함한 '5군영'을 새로 만들어서 수도와 도성 외곽을 방어했다. 지방군도 포수, 사수, 살수를 중심으로 하는 '속오군'으로 바꾸었다. 백성들은 자기 고을의 속오군에 속했는데, 이전과는 다르게 노비와 같은 천민도 속오군이 되었다.

새로운 군대가 생겼지만 이전 군대도 유지되어서 백성들은 전보다 더 많은 세금을 부담해야 했다. 그러나 양반들은 점차 군대에 가지 않는 것은 물론 세금도 내지 않았다. 백성들의 불만은 날로 커졌고 양반도 병역의 의무를 지거나 세를 내야 한다는 주장도 나왔지만 결국 실현되지는 못했다.

개항과 신식 군대의 도입

1876년 일본은 조선과 강제로 조약을 맺어 부산, 원산, 인천의 세 항구를 열게 한다. 이 강화도 조약은 후일 일본이 조선을 침략하는 토대가 되는 불평등한 조약이었다. 이후 조선은 미국, 청, 영국, 독일, 러시아, 프랑스와 잇달아 통상조약을 맺었고, 일본과 청, 미국에 보낸 사절단과 유학생은 새로운 제도와 기술을 배워왔다.

군대는 기존 5군영을 없애고, 1895년부터 중앙군을 신식 군대로

강화부 연무당에서 수호 조약 체결을 강요하는 일본군 (국립중앙박물관)

바꿨다. 군인들의 월급도 쌀로 주던 것을 돈으로 주기 시작했다. 부대는 소대, 중대, 대대, 연대로 구성했으며 계급도 장, 령, 위, 교 단계로 나누어 각 계급에서 2~3년 근무하면 승진하도록 했다. 군복도 서구식으로 바꾸었고 신식 군사 훈련을 받은 장교를 기르는 훈련소와 학교가 생겼다.

두 차례의
세계 대전을 치르며

모든 전쟁의 끝, 제1차 세계 대전

1914년, 전 세계를 둘로 나눈 제1차 세계 대전이 일어났다. 영국, 프랑스, 러시아 등이 한 편이었고 독일, 오스트리아-헝가리, 오스만 제국 등이 한 편이었다. 1918년까지 4년에 걸쳐 계속된 제1차 세계 대전은 수많은 사상자가 난 끔찍한 전쟁이었다.

솜 전투 중 영국군 체셔 연대의 참호(1916). 전투 첫날 5만 8천여 명의 영국군 사상자(당시 하루 사상자 기록으로는 최고 기록이었으며 이 중 3분의 1이 전사자였다)가 난 것으로 잘 알려졌다.

각국은 군인을 강제로 징집했다. 몸을 숨길 수 있는 참호를 판 다음 가시가 달린 철조망을 치고 맞서는 참호전이 새로 등장했으며 독가스와 같은 비인간적인 화학무기가 처음 사용되었다. 군인들은 전투로 인한 피해 외에도 굶주림은 물론이고 축축하게 젖은 양말과 군화를 계속 신고 있다가 발이 세균에 감염되어 썩어 들어가는 참호족과 같은 질병에 고통받았다.

약 6천 5백만 명의 군인이 제1차 세계 대전에 동원되어 9백만 명 이상이 죽었고, 2천 2백만 명이 넘게 다쳤다. 또한 1천 3백만 명에 달하는 민간인도 전쟁으로 목숨을 잃었다.

큰 전쟁으로 변화하는 군대

1918년 1차 세계 대전이 끝나고 전쟁에 동원되었던 수많은 군인이 일상으로 돌아가며 세상은 다시 평화를 찾는 듯했다. 하지만 전쟁의 영향으로 독일과 러시아, 일본, 이탈리아 등에서는 개인의 활동과 사상을 억압하는 전체주의 정권이 권력을 잡았다.

1918년 중전차보다 더 빠르고 가벼운 영국 중형 전차가 전사자의 시신을 지나는 사진 (뉴질랜드 국립도서관)

제1차 세계 대전에 사용된 전투기, 탱크와 같은 신무기들은 더 빠르고 강력해졌다. 여러 발이 자동으로 발사되는 자동소총, 들고 다니면서 탱크를 공격하는 로켓포 등이 등장했다. 무기를 비롯해 전쟁에 필요한 물건을 생산하는 군수산업이 크게 확장되어 많은 회사가 여러 나라에 무기를 팔려고 경쟁했다.

제1차 세계 대전 당시 브라우닝 자동소총을 든 존 브라우닝의 아들 (1918)

새로운 군대는 자동차나 기차를 이용해서 움직였기 때문에 이동속도가 매우 빨라졌다. 군대에 필요한 물자를 보급하는 데에도 자동차를 사용했고, 기술자와 의료진, 운전사 등 군대에 참여하는 인력도 다양하게 늘어났다.

제2차 세계 대전과 냉전

1939년 세계는 다시 큰 전쟁의 소용돌이에 빠졌다. 미국, 소련, 영국, 프랑스, 중국 등이 한 편이었고 독일, 이탈리아, 일본 등이 반대 편이었다. 독일은 전쟁 초기에 폴란드와 프랑스를 점령하며 빠르게 세력을 키워나갔고, 일본은 동남아시아와 태평양 섬들을 손아귀에 넣었다. 하지만 독일은 소련 공

1941년 일본군의 진주만 기습공격으로 침몰하는 미국 애리조나호 (미국 국립문서기록관리청)

1943년 전함 USS 워싱턴과 USS 렉싱턴 상공을 순찰하는 미 해군 SBD-5 정찰기 (미국 국립 해군 항공 박물관)

1945년 일본 나가사키에 떨어진 원자폭탄 (미국 국립문서기록관리청)

격에 실패했고, 미국이 참전한 후 고전하다가 결국 1945년 5월 항복했다. 일본은 처음에는 미국을 공격하는 등 기세를 올렸지만 결국 원자폭탄으로 막대한 피해를 보고 1945년 8월 15일 항복했다.

제2차 세계 대전은 군인만이 아닌 민간인도 싸운 전면전으로, 1억 명 이상이 전쟁에 동원되었고 6천만 명 이상이 사망한 끔찍한 비극이었다. 전쟁에 쓴 돈만 해도 1조 달러가 넘는 것으로 추정하며, 전쟁 동안 농업 시설과 공업 생산 시설, 철도와 도로 그리고 의료 시설 등이 파괴되어 경제활동이 거의 중지되었다. 게다가 독일의 유대인 학살, 일본의 민간인 학살 및 위안부 성 착취, 강제 노동 등 용서할 수 없는 전쟁 범죄가 발생했다.

제2차 세계 대전이 끝나고 세계의 정치 질서와 힘의 구도가 다시 정해졌다. 미국은 세계 질서를 좌우하는 초강대국으로 성장해서 소련을 중심으로 한 공산주의 진영과 대립했다. 이 대립은 20세기 말까지 세계를 긴장 속에 몰아넣었다.

현대의 용병

과거에 비해 수요는 크게 줄었지만 적은 수의 숙련된 전투 기술자를 필요로 하는 아프리카 등지에서는 여전히 용병이 활동한다. 또한 1960년대 미국을 비롯한 서구의 군인들은 새롭게 세워진 국가에 '군사고문단'이라는 이름으로 가서 군대를 만드는 기초 작업을 도왔다. 이들은 자신들을 고용한 나라에서 봉급을 받았기 때문에 일종의 용병이었다.

요즘은 이란, 이라크, 아프가니스탄 등지에 민간 군사 기업이 진출해서 군대의 경비와 보호 업무를 하고 있다. 직원은 대부분 전직 군인 출신이다.

능력을 중시하는 현대 군대

19세기까지는 주로 상류층 출신의 장교가 군대를 지휘했다. 하지만 점차 개인의 능력과 자질, 훈련 정도가 출신 계급보다 더 중요해졌다. 여성도 군대에 진출하는 길이 넓어졌고, 여성 장교와 장군도 나왔다. 일부 독재국가에서는 높은 지위의 군인이 권력을 잡아 나라를 통치하는 일도 있었으며, 군인 출신이 정치를 하는 경우도 많았다.

우리나라 국군이 탄생하기까지

대한제국 군대를 강제 해산한 일본 제국주의

조선은 1897년 대한제국으로 선포하며 자주적인 국가로 서기 위해 노력했다. 하지만 일제는 대한제국을 집어삼키기 위해 자국 군대를 대한제국에 머무르게 하였으며 1905년에는 군대의 지휘권을 빼앗고 그 수를 줄였다. 1907년에는 황제의 호위병을 제외하고 대한제국 군대를 강제로 해산시켰다. 대한제국 군대는 전국에서 일본군과 전투를 벌이면서 격렬하

1940년 광복군 성립 기념식

게 저항했다. 또한 해산된 군인들은 의병이 되어 본격적인 항일 무장 투쟁을 벌였다.

일제는 1910년 대한제국을 강제 점령했다. 1945년 해방될 때까지 우리 군대의 명맥은 간도, 만주, 연해주 등지에 자리를 잡고 일본군과 싸운 독립군으로 이어졌다. 1940년 대한민국 임시정부는 중국 충칭에서 광복군을 결성하고 일본 제국주의에 맞섰다.

대한민국 국군의 탄생과 발전

일제와 싸운 의병, 독립군, 광복군을 뿌리로 현재의 대한민국 국군이 탄생했다. 1945년 일제의 패망 후 3년 동안 나라의 틀이 갖추어졌고, 1948년 8월 15일 대한민국 정부가 수립되었다. 대한민국 국군은

대한민국 국군. 왼쪽 위에서부터 오른쪽으로 육군, 해군, 공군, 해병대

같은 해 9월 5일 창설되었다.

창설 당시에는 육군과 해군만 있었고 1949년에 해병대와 공군이 만들어졌다. 국군은 창설 직후 6·25전쟁이라는 시련을 겪었지만, 지금은 세계 6위의 막강한 군대로 성장했다. 대한민국 국군은 국민의 생명과 안전을 위협하는 세력과 맞서는 국가 방위의 중심인 동시에 국제 연합의 평화유지군으로서 세계의 평화를 지키고 있다.

오늘날과 미래의 군인

직업 군인은 필요한 교육과 훈련을 받고 전문 지식, 기술, 경험을 갖춘 전문가이다. 과거에는 신체 능력이 매우 중요하게 여겨졌지만 오늘날 군대에서는 신무기를 다룰 수 있는 사람, 데이터 전문가 등 다양한 분야의 능력자들을 필요로 한다.

오늘날의 군인

군인이라는 직업

대한민국의 몸과 마음이 건강한 남성은 국방의 의무를 다해야 한다. 그렇다고 이들이 군인을 직업으로 선택한 것은 아니다.

직업 군인은 다른 직업과 마찬가지로 필요한 교육과 훈련을 받고 전문적인 지식, 기술, 경험을 갖추어야 한다. 그리고 군인으로 복무하면서 경제적 수입을 얻는다. 우리나라에서는 부사관, 준사관, 장교가 직업 군인이다.

군대와 직업 군인의 종류

대한민국 국군에는 땅을 지키는 '육군', 바다를 지키는 '해군', 하늘을 지키는 '공군'이 있으며, 해군 소속으로 적진에 상륙해서 싸우는

'해병대'가 있다.

군대에는 장교, 준사관, 부사관 세 종류의 직업 군인이 있다. 우리나라 군인의 수는 대략 장교 6만여 명, 부사관 10만여 명으로 어림잡는다. 직업 군인이 되기 위해서는 먼저 육군, 해군, 공군, 해병대 중 한 곳을 택하고 그 다음 장교, 준사관, 부사관 중 무엇이 될 것인지 골라야 한다. 어느 직업 군인이 되는지에 따라 되는 방법, 하는 일, 책임과 권한, 이후의 승진도 제각기 다르기 때문에 신중하게 결정해야 한다. 직업 군인이 되는 방법은 부록(107쪽)에서 자세하게 볼 수 있다.

부사관과 장교는 정해진 기간 동안 반드시 군인으로 복무해야 한다. 10년 이상 군인으로 일하는 것을 장기 복무라고 하는데 일부 장교의 의무 복무 기간은 10년보다 짧다. 장기 복무를 하고 싶은 장교* 나 부사관은 장기 복무를 신청해야 한다. 신청한다고 모두 장기 복무가 허락되는 것은 아니며, 근무 실적이 우수하고 상관의 추천을 받은 사람이 선정된다. 장기 복무를 해야 연금 등의 혜택을 받을 수 있기 때문에 경쟁이 치열하다.

장기 복무를 하더라도 각 계급에는 승진 연한이라는 나이 제한이 있다. 예를 들어 대위는 43세가 넘을 때까지 소령으로 승진하지 못하면 군인을 그만둬야 한다. 그렇기 때문에 장기 복무를 하는 직업 군인

* 육, 해, 공군 사관학교 출신 및 조종사, 군의관, 군 법무관 제외

국민의 5대 의무

대한민국 국민이라면 꼭 해야 하는 5대 의무가 있다.

1. **국방의 의무**: 일정한 나이가 되면 남자는 국가를 지키기 위해 군대에 가서 병역을 수행해야 한다.
2. **교육의 의무**: 모든 국민은 정해진 나이까지 교육을 받아야 한다.
3. **근로의 의무**: 모든 국민은 개인의 행복과 발전을 추구하고, 나라의 발전을 위해 자신이 맡은 일을 성실하게 해야 한다.
4. **납세의 의무**: 나라 살림을 위해 법에 정해진 세금을 내야 한다.
5. **환경 보존의 의무**: 모든 국민은 깨끗한 환경을 지키기 위해 노력해야 한다.

들도 늘 자신의 능력을 키워야 한다.

직업 군인의 특수성

폭력을 행사하는 것은 사람의 생명과 관련된 매우 위험한 일이기 때문에 법률로 언제, 어떻게, 어느 정도로 사용해야 하는지 정해져 있다. 군대와 군인은 나라와 국민 전체의 이익을 위해 정해진 절차와 방식을 따라서 힘을 행사해야 한다. 만일 개인적인 이익을 위해 함부로 폭력을 사용한다면 국가 전체가 큰 피해를 볼 수 있다. 군인은 양심적이고 도덕적인 기준을 따라야 하며, 자신의 생명을 내놓아야 할지도 모르는 위험을 무릅쓰는 직업이기 때문에 사명감도 중요하다.

최근에는 군인에게 주어지는 경제적인 보상도 점점 늘어나는 추세이며 주택, 자녀 교육, 연금 등 다양한 복지 제도가 시행되고 있다. 군인의 업무도 보다 다채로워져서 과학기술 개발, 경영 및 관리 등 민간 기업의 업무와 비슷해지고 있다. 많은 군인들이 군대에서 배우고 익힌 지식과 기술을 제대 후 민간 기업에서 활용한다. 군대도 보다 뛰어난 인력을 직업 군인으로 뽑기 위해서 다른 기업이나 단체와 경쟁한다.

자기희생이 필요한 직업

여기 회사가 하나 있다. 이 회사의 직원은 힘든 훈련을 하며, 윗사람이 시키는 일은 반드시 해야 하고, 때로는 목숨을 건 위험한 일도 한다. 직원은 그 회사만의 엄격한 규칙을 따라야 하고 혹시라도 규칙을 어기면 매우 엄하게 처벌받는다. 게다가 퇴근 후에도 마음대로 놀러다니지 못하고 회사 근처에 있어야 하며 몇 년마다 한 번씩 여러 지방으로 옮겨 다녀야 한다. 직업 군인이 된다는 것은 바로 이런 회사에 취직하는 것이다.

군인은 목숨을 거는 직업이다. 군인은 자신의 목숨이 위태로울지라도 명령이 정당한 경우 반드시 따라야 한다. 또한 군인이 잘못을 저지르면 군인에게 적용되는 특별한 법, 군법에 따라 군사법원에서 재판을 받는다. 또한 위급한 상황을 대비해 휴가 때를 제외하고는 자기가 속한 부대에서 멀리 떨어질 수 없다. 그리고 우리나라 전국의 부대를 이동하며 근무해야 하기 때문에 이사를 자주 다니며, 때로는 가족과 떨어져 생활하기도 한다.

이처럼 직업 군인은 개인의 편안함을 희생하는 직업이다. 그렇지만 나의 목숨을 바쳐 나라를 구하는 명예, 국민의 생명과 재산을 지키는 보람과 자부심 등으로 많은 사람이 군인을 직업으로 택한다.

직업 군인의 장점

명예, 사명감, 보람 외에도 직업 군인은 안정적이라는 장점이 있다. 또한 다양한 복지 혜택이 늘어나고 있기 때문에 해마다 인기도 높아지고 있다.

결혼을 한 직업 군인에게 국가는 근무하는 부대 근처에 집을 빌려준다. 만일 집을 제공하지 못하는 경우에는 전세 자금을 지원하며, 아파트를 구매할 때는 직업 군인에게 먼저 기회를 주기도 한다. 결혼하지 않은 직업 군인에게는 혼자 살 수 있는 독신자 숙소를 제공한다.

몸이 아프면 전국의 국군 병원에서 무료로 치료를 받을 수 있고, 각종 생활용품도 군대 안의 상점에서 싸게 살 수 있다. 휴가를 갈 때도 군인들을 위한 전용 시설을 이용할 수 있다.

직업 군인으로 복무하는 동안 다양한 분야에서 공부를 할 기회도 얻을 수 있다. 대학이나 대학원에 진학할 수도 있고, 외국 학교나 기관에 유학할 수도 있다. 물론 모든 비용은 국가에서 지원한다.

20년 이상 근무하면 군인으로서 일을 그만둔 후에도 매달 일정한 돈, 군인 연금을 받을 수 있다. 혹시라도 임무 중 사망하거나, 큰 공을 세우거나 오래 근무한 군인이 사망하면 국립묘지에 안장될 수 있다. 군인은 자신을 희생하고 국가와 국민을 보호하기 때문에 그 노력을 사회에서 인정하고 존중하는 것이다.

직업 군인에 대한 사회의 시선

2000년대 이전까지는 직업 군인이 그리 인기 있는 직업이 아니었다. 특히 부사관은 낮은 계급이라고 무시당하기도 했다. 하지만 군인에 대한 처우와 군대 환경이 개선되고 안정적인 직업의 인기가 높아지면서 직업 군인에 관한 인식도 달라졌다. 9급 공무원과 비슷한 대우를 받고, 장기 복무를 하면 55세까지는 안정적으로 일을 할 수 있으며, 다양한 복지 혜택을 받는 부사관은 요즘 들어 더욱 인기를 끌고 있다. 부사관 시험도 점차 경쟁률도 높아지고 합격하기 어려워지고 있다. 특히 장기 복무가 가능한 부사관을 뽑는 시험에는 때로 수십 명 중 한 명만 합격할 정도로 경쟁이 치열하다.

여군의 높아진 위상

19세기에 들어서면서 여성도 군인이 되기 시작했다. 프랑스에서

'칸티에르'라는 여군이 최초로 등장했는데 이들은 후방에서 군인들에게 음식을 만들어 공급했다. 20세기 초부터 중반까지 미국, 영국, 독일, 노르웨이, 덴마크, 이스라엘 등 서구 국가에서 속속 여군이 창설되었다. 특히 이스라엘의 여군은 아랍과의 독립전쟁 당시 크게 활약했다.

우리나라에서는 1950년 9월, 6·25 전쟁 중 부산에서 '여자의용군 교육대'가 처음 만들어졌다. 전쟁이 끝난 1955년에는 여군훈련소가 설치되어 여군만의 훈련을 담당했다. 1967년에는 육군간호학교가 세워져 간호장교를 육성하기 시작했다. 여군은 주로 간호나 행정 업무 지원을 주로 했지만 1990년대부터 군대는 다른 여러 분야에도 여자를 받아들였고, 여자도 사관학교에 입학할 수 있게 되면서 여군은

여자의용군 행진(행정안전부 국가기록원)

크게 성장했다. 여군은 재정, 법무, 인사행정 등의 분야에서 크게 활약하고 있으며 육군의 전투 지휘관, 해군의 전투함 함장, 공군 조종사까지 진출했다.

2022년 현재 대한민국 국군에서 제일 높은 여군은 소장이다. 대한민국 국군에는 약 1만여 명의 여군이 있으며 앞으로도 계속 늘어날 전망이다.

미래의 군인

기술 혁신과 군사 혁신

최근 인간의 지능이 가지는 학습, 추리, 논증 같은 기능을 갖춘 인공지능, 일상생활에 사용하는 모든 물건이 인터넷에 연결되는 사물인터넷, 수많은 정보를 저장하고 분석하는 빅 데이터 등 정보 통신 기술의 발전으로 사회 전체가 크게 달라지고 있다. 군대와 군인도 기술의 발전에 따라 변화를 맞이한다. 신기술이 적용된 새로운 무기를 개발하면, 신무기를 잘 다루는 군인과 군대 조직이 생기고, 이 무기와 조직을 이용한 새로운 전술이 등장하는 군사 혁신이 일어난다.

미래 군인의 모습

군인은 체력을 단련하고 무기를 다루는 훈련을 한다. 미래의 군인

미국이 개발 시도하였던 전술타격 경량 작전복 탈로스(TALOS)

우리나라에서 개발하고 있는 새로운 군복과 장비를 갖춘 보병

은 기술의 도움을 받아 지금보다 위력적인 무기를 더 쉽게 다루게 될 것이다.

미국 군대는 '전술타격 경량 작전복'이라는 특수한 군복을 개발하려 했다. 이 군복을 입은 군인은 어둠 속에서도 적을 알아볼 수 있고, 일반적인 인간의 힘을 뛰어넘는 강한 힘을 낼 수도 있으며, 적의 공격을 막아내는 것은 물론 각종 정보가 네트워크를 통해 바로 전달되어 효과적으로 작전을 펼 수 있을 것이라고 기대했다. 하지만 개발은 성공하지 못했다. 한편 미군은 총을 쏠 때 흔들리는 사람의 동작을 감지하고 계산해서 총을 똑바로 쏠 수 있도록 유지해주는 장치, 적의 총탄을 막아주는 가볍고 튼튼한 방탄복을 개발하고 있다.

우리나라에서도 개인 병사의 전투 능력을 늘리고, 전투에서 적의 공격에서 살아남을 확률을 높이는 전투복과 헬멧을 개발했으며 무거운 장비를 지고 오랫동안 빠르게 움직일 수 있게 도와주는 장비도 개발 중이다. 이처럼 새로운 군복과 무기를 갖춘 보병은 적은 숫자만으로도 강력한 공격 능력을 발휘할 수 있고 험악한 상황에서도 살아남을 수 있을 것이다.

데이터와 인공지능을 이용한 작전과 보급

아무리 강력한 무기와 군인이 있다 해도, 작전이 허술하고 필요한 무기와 물자의 보급이 없으면 전쟁에서 승리할 수 없다. 오늘날에는 인공지능이 위성, 레이더, 각종 센서를 이용해 적에 관한 자료를 수집하고, 우리 편의 전투기, 전차, 군함 등에 대한 정보를 확인해서 빠른 판단을 내리고 작전을 세우면 연결된 통신망을 통해 각 부대에 명령이 바로 전달된다. 인공지능은 어떤 보급품이 얼마나 쓰였는지도 데이터로 모으고, 부족할 만한 것을 예측해서 미리 채워 넣는다.

가상현실을 이용한 훈련

컴퓨터 기술을 이용해서 실제와 유사한 환경을 만든 가상현실VR, virtual reality은 군사 훈련에 특히 유용하다. 군인은 실제 전투 장면을 재현한 가상현실을 통해 마치 직접 전투에 투입된 것 같은 경험을 한다. 전투기나 헬리콥터, 탱크 조종사도 실제 전투 상황과 같은 환경에서 운전 훈련을 할 수 있다. 이렇게 가상현실을 이용한 훈련은 실제 훈련을 진행하는 데 비해 적은 비용을 들여 큰 효과를 볼 수 있다.

가상현실 상황에서 훈련하는 보병(왼쪽)과 전투기 조정 훈련(오른쪽)

증강현실과 3D 프린터를 이용한 정비와 수리

군대에서는 무기와 장비가 고장 나지 않도록 정비하고, 고장 났을 때 고치는 일도 매우 중요하다. 증강현실 기술AR, augment reality을 이용한 정비와 수리 방법도 널리 활용될 것이다. 증강현실 기술을 이용하면 정비병이 자동차 엔진의 각 부위가 현재 잘 작동하는지, 문제가 있는지를 실제 부품 위에 투영해서 볼 수 있다. 이 기술을 활용하면 문제가 있는 부품과 고장 부위를 쉽게 찾아내서 교체 및 수리를 할 수 있다.

미국 공군에서 사용하는 증강현실을 이용한 정비

또한 요즘 널리 보급된 3D 프린터는 설계도와 재료만 있으면 물건을 바로 만들 수 있다. 군대에서 급히 작전을 펼치고 있을 때, 혹은 작은 규모의 부대가 멀리까지 가서 전투를 벌일 때 무기나 장비가 고장나면 손쓸 수가 없다. 하지만 3D 프린터를 이용하면 급히 필요한 중요 부품을 그 자리에서 찍어 내고, 그 부품으로 고장 난 장비를 바로 고칠 수 있다. 이렇듯 새로운 기술은 군대의 모든 분야에 적용되어 많은 변화를 가져오고 있다.

전문가가 필요하다

이제는 단순히 군인의 수가 많다고 강한 군대가 아니다. 새로운 기술과 무기 시스템을 잘 사용하는 군대가 강한 군대이다. 이를 위해서는 전문 인력이 필요하다. 이제 직업 군인도 군인이기 전에 한 분야의 전문가가 되어야만 한다. 앞으로는 군대의 일반 병사의 수가 점점 줄어들고 전문 인력이 중심이 될 것으로 본다. 또한 일반인 전문가와 군인 전문가가 서로 협력할 것이며, 직업 군인도 군대를 나온 후에는 자신의 전문 영역을 살려 민간 기업에서 활약할 기회가 늘어날 것이다.

우리나라의 국방 개혁

대한민국 정부는 2006년부터 미래의 변화에 대비하는 국방 개혁 계획을 세워서 실천하고 있다. 이 계획에 따라 대한민국 국군은 일반 병사의 수는 줄이는 대신 부사관, 장교, 여군의 비율을 늘리고 있다. 직업 군인의 전문성을 기르기 위해 병사로 근무하던 사람들이 부사관으로 근무하도록 독려했으며, 부사관도 가능한 한 오래 근무하게 하며, 장기 복무를 하는 직업 군인의 비율도 늘려나가는 중이다. 이로 미루어보면 앞으로 직업 군인은 더 안정적이고 인기 있는 직업이 될 것이다.

· 부록 ·

어떻게 하면 직업 군인이 될 수 있을까?

● 장교

장교의 역할과 사관학교

장교는 적게는 수십 명부터 많게는 수십만 명에 이르는 부하 군인의 생명을 좌우하는 막중한 책임을 띠고 있다. 장교는 전문적인 지식과 기술을 습득해야 하며, 모든 면에서 부하 군인들의 모범이 되기 위해 항상 솔선수범하고 스스로 몸과 마음을 단련해야 한다. 그래서 충분한 교육을 받고 엄격한 자격 조건을 통과한 사람만 장교가 될 수 있다.

장교가 되는 길은 여러 가지가 있지만, 기본적으로 대학 졸업 이상의 교육을 받아야 한다. 우선 장교를 전문으로 육성하는 대학 '사관학교'에서 4년 동안 일반교육과 군사 훈련을 받은 사람은 졸업 후 장교가 된다. 육군, 해군, 공군에 각각 사관학교가 있다. 전문대학을 졸업하거나 대학을 2년 이상 다닌 사람들이 입학해서 2년간 교육을 받고 장교가 되는 육군 3사관학교도 있다. 국군간호사관학교에서는 특별히 간호 장교만을 길러낸다. 사관학교 외에도 장교가 되는 방법이 있는데, 그 방법은 육군, 해군, 공군, 해병대마다 조금씩 다르다.

육군 장교가 되는 방법

일반 대학에 다니면서 시험에 합격하거나(학사예비장교후보생) 일반 대학 졸업 후 시험을 보고 합격하면(학사사관) 육군 장교가 될 수 있다. 대학에 다니면서 학교에 설치된 군사교육단ROTC*에서 훈련과 교육을 받고 졸업과 동시에 장교가 되는 방법도 있다(학군사관후보생). 사병이나 부사관으로 근무하는 군인 또는 제대한 군인도 시험을 보고 장교가 될 수 있으며(간부사관), 중위나 대위로 군대를 마치고 3년이 지나지 않은 사람 중에서 조건에 맞는 사람(예비역의 현역 재임용)도 시험을 보고 다시 장교로 근무할 수 있다.

변호사, 의사, 간호사, 공인회계사, 변리사 등의 자격증을 가진 사람도 장교가 되어 자기 전문 분야에서 근무할 수 있으며(전문사관),

* Reserve Officer's Training Corps

학교에 다닐 때 군대에서 주는 장학금을 받고 나중에 학사사관이나 학군사관이 될 수도 있다(군 가산 복무 지원금 지급대상자).

장교가 되는 나이는 20~27세 사이이며(예비역의 현역 재임용 제외), 군인으로서 반드시 복무해야 하는 기간이 다르다. 학군사관이 2년 4개월로 가장 짧으며 육군사관학교 출신 장교가 10년으로 가장 길다.

육군 장교가 되는 방법

해군 장교가 되는 방법

4년제 이상 대학을 졸업하고 시험에 합격하면 해군 장교가 된다(사관후보생). 한국해양대학교, 부경대학교, 목포해양대학교, 제주대학교 학생은 학군사관후보생이 되어 학교에 다니며 군사 훈련을 받고 졸업하면 장교가 된다. 대학에 다니며 미리 해군 장교로 지원하여 합격하면 졸업 후 사관후보생으로 해군 장교가 될 수 있으며, 해군으로부터 장학금을 받고 대학을 졸업한 후 장교가 되는 방법도 있다.

특별한 경우를 제외하고 해군 장교가 될 수 있는 나이는 20~27세이 사이다. 장교가 된 후 의무적으로 복무해야 하는 기간은 사관후보생 출신 장교가 2년으로 가장 짧고, 해군사관학교 출신은 10년이다. 전문 영역에 따라서도 헬리콥터 조종사의 의무 복무 기간은 10년, 해군 비행기 조종사는 13년, 사관학교 출신 해군 비행기 조종사는 15년으로 차이가 있다.

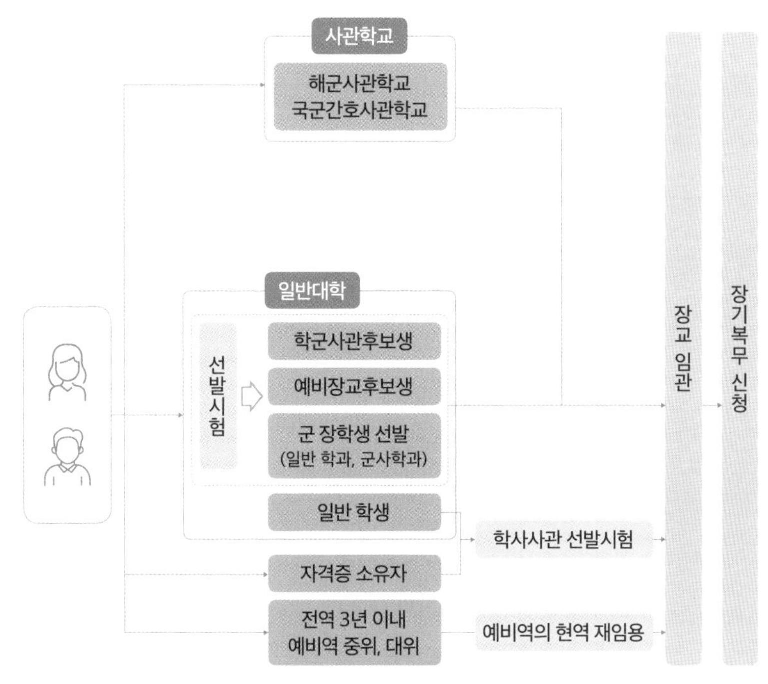

해군 장교가 되는 방법

공군 장교가 되는 방법

공군 장교가 되는 방법으로는 4년제 이상 대학에 다니면서 미리 장교로 지원하는 예비 장교, 대학을 졸업하고 시험을 보는 학사사관이 있다. 한국 항공대, 한서대, 한국 교통대에 다니면서 군사 훈련을 받는 사관후보생도 있다.

공군의 중심인 비행기 조종사를 양성하기 위한 조종 장학생 제도도 있다. 미리 우수한 학생을 선발해서 장학금을 주고, 대학 졸업 후 조종 교육을 거쳐 비행기 조종사로 길러내는 것이다. 조종사의 의무 복무 기간은 헬리콥터 조종사 10년, 비행기 조종사 13년, 공군사관학교 출신 조종사 15년이다.

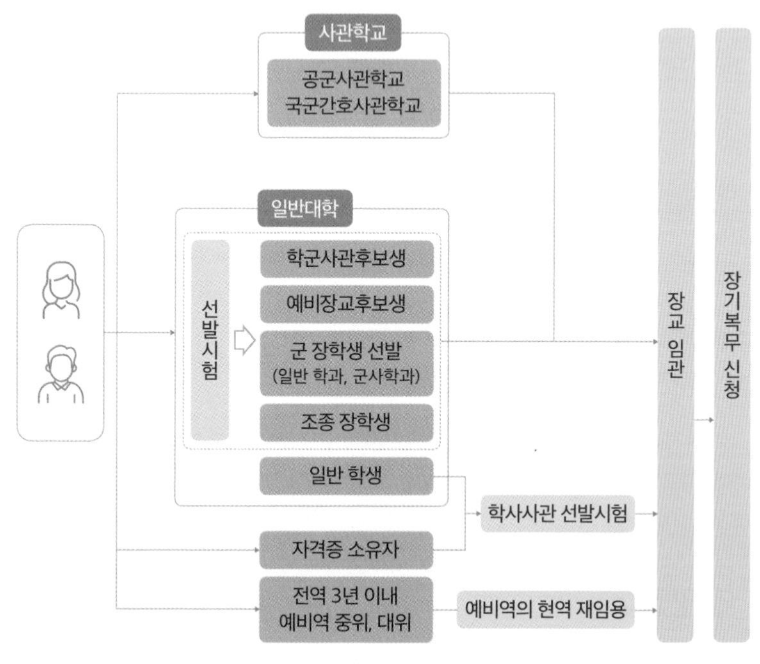

공군 장교가 되는 방법

해병대 장교가 되는 방법

해병대 사관학교는 따로 없고, 해군사관학교 졸업생 중에서 지원한 사람은 해병대 장교가 될 수 있다. 4년대 대학 학생 중 미리 지원하는 예비 장교와 제주대학교, 한국해양대학교 학생은 학군사관후보생이 될 수 있으며, 육군 학군사관후보생들은 대학교 4학년 때 해병대 장교를 지원할 수 있다.

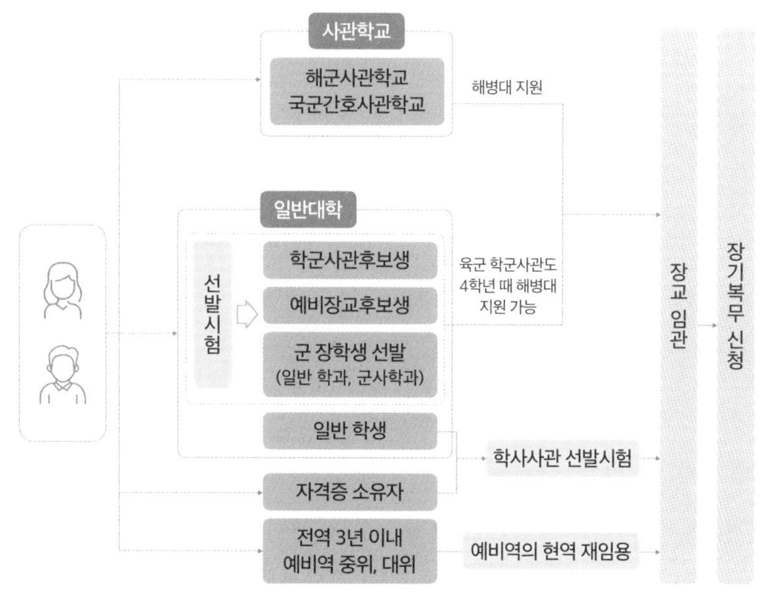

해병대 장교가 되는 방법

군 협약 군사학과 졸업

육군, 해군, 공군, 해병대는 각각 대학과 계약해서 군사 관련 학과 입학생에게 장학금을 주고 졸업하면 장교로 뽑는다. 이 학교 학생들은 군의 도움을 받아 대학에서 전투 훈련이나 기술 실습을 한다.

• 준사관

준사관의 역할과 준사관이 되는 방법

준사관은 군인으로 근무하는 동안 자기만의 분야에서 지식과 기술을 갈고닦는 전문가이다. 장교와 부사관이 여러 계급으로 이뤄져 있는데 비해 준사관은 '준위' 계급뿐이다. 육군, 해군, 공군 모두 부사관으로 근무하다가 자격이 되면 시험을 쳐서 준사관이 될 수 있다. 즉, 준사관이 되는 것은 승진이 아니라 부사관에서 준사관으로 신분이 바뀌는 것이다.

일반인이나 군 경력자를 대상으로 회전익 항공기(헬리콥터) 조종 준사관과 외국어 통번역 준사관, 적 비행기를 레이더로 감시하고 공격하는 항공 통제 준사관을 모집한다. 시험에 합격한 사람은 추가 교육을 받은 후 준사관이 된다.

헬리콥터 조종사 출신 장교는 군대를 나온 후에 다시 회전익 항공기 조종 준사관으로 지원할 수 있으며, 민간에서 헬리콥터 조종 경력이 300시간이 넘는 사람도 회전익 항공기 조종 준사관이 될 수 있다.

● 부사관

부사관의 역할

부사관은 장교와 병사 사이에서 장교가 지휘하는 것을 돕고, 병사가 규칙을 지키고 명령을 따르는지 감독하며, 병사의 훈련과 생활을 지도하고 각종 장비와 보급을 관리해서 부대를 운영한다.

특히 장교는 한 부대에 2년 남짓 근무하고 다른 부대로 옮기지만 부사관은 한 부대에서 오랫동안 근무해서 그 부대의 역사와 전통을 이어가는 역할도 한다. 특히 공군과 해군은 전문 기술을 갖춘 부사관이 중요하다.

육군 부사관이 되는 방법

고등학교 졸업 이상의 학력을 갖춘 18~27세의 청년은 부사관 시험에 응시할 수 있다(민간부사관). 필기시험과 체력 측정, 신체검사를 통과하면 부사관(하사)이 되어 4년간 복무한다. 5개월 이상 근무한 일등병부터 병장까지 현재 병사로 복무하고 있는 군인도 부사관에 지원할 수 있으며(현역 부사관), 선발되면 16주 동안 교육을 받고 부사관이 되어 4년 동안 근무한다. 또한 근무 기간이 6개월 이내로 남은 병사가 부사관이 되기를 지원해서 선정되면 6~48개월 중 원하는 기간을 택해 부사관으로 더 근무할 수도 있다(임기제 부사관). 부사관 학생군사교육단RNTC이 있는 경북전문대학교, 대전과학기술대학교, 전남과학대학교에서 공부와 훈련 후 졸업하면 부사관이 되며(학군부사관후보생), 부사관 중 '중사'로 군 복무를 마치고 3년이 지나지 않았으며, 앞으로 3년 이상 더 근무할 수 있는 사람은 다시 같은 계급의 부사관으로 돌아올 수 있다(예비역의 현역 재임용). 전문대 이상 재학생은 군에서 장학금을 받고 졸업 후 부사관이 될 수도 있다(군 가산 복무 지원금 지급대상자).

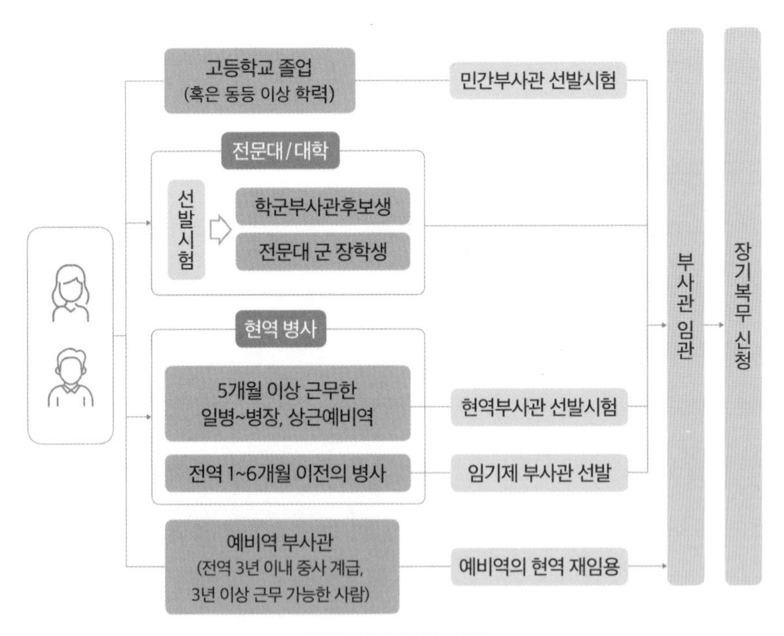

육군 부사관이 되는 방법

해군 부사관이 되는 방법

고등학교 졸업 이상의 학력을 갖춘 18~27세의 청년 또는 현재 병사로 근무하는 군인 중 부대장의 추천을 받은 사람은 시험을 거쳐 부사관이 된다. 전문대나 기능대 이상 학교에 다니며 해군에서 주는 장학금을 받은 사람은 졸업 후 부사관이 될 수 있다. 부사관 학생군사교육단이 설치된 경기과학기술대학교에 입학한 학생은 학군 부사관 후보생이 되어 대학에 다니면서 군사 교육을 받고, 졸업하면 부사관이 된다. 또한 근무 기간이 6개월 이내로 남은 병사는 부사관으로 지원할 수 있으며(임기제 부사관), 부사관 중 '중사'로 군 복무를 마치고 3년이 지나지 않았고, 3년 이상 더 근무할 수 있는 사람은 다시 같은 계급의 부사관이 될 수 있다(예비역의 현역 재임용).

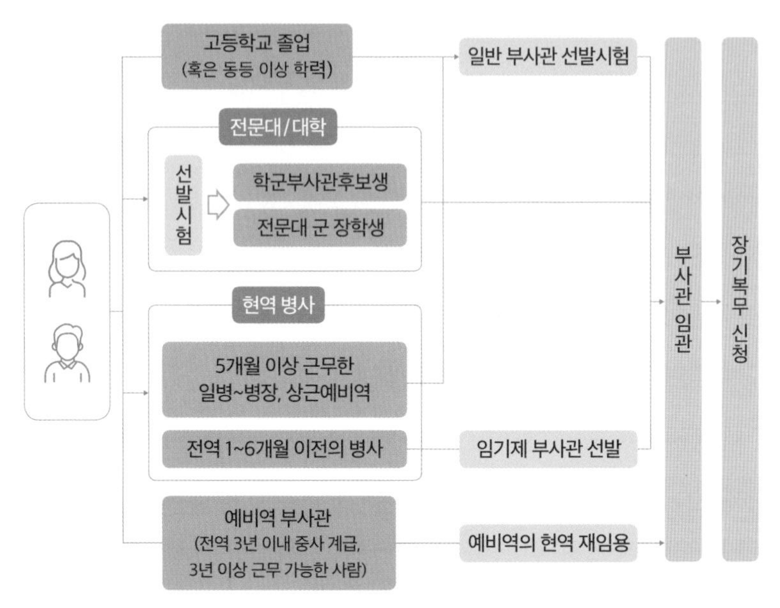

해군 부사관이 되는 방법

공군 부사관이 되는 방법

고등학교 졸업 이상의 학력을 갖춘 18~27세의 청년은 공군 부사관에 지원할 수 있다. 또한 근무 기간이 6개월 이내로 남은 병사는 부사관으로 지원할 수 있고(임기제 부사관), 부사관 중 '중사'로 군 복무를 마치고 3년이 지나지 않았으며 부사관 임관 후 3년 이상 더 근무할 수 있는 사람은 다시 같은 계급의 부사관이 될 수 있다(예비역의 현역 재임용). 영진전문대학 학생은 학교에 다니면서 군사 교육을 받고 졸업 후 부사관이 될 수 있다. 또한 항공과학고등학교에 다니는 학생

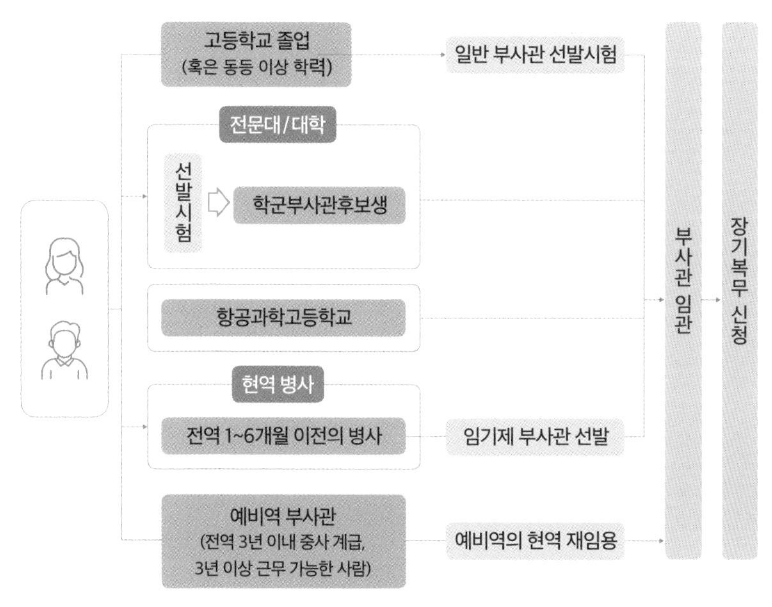

공군 부사관이 되는 방법

은 고등학교에 입학하면서부터 교육비와 생활비를 받으며 항공 관련 첨단 기술을 배우고 자격증을 따는데, 졸업과 동시에 공군 장기 부사관이 되고 공군사관학교에 진학할 수도 있다. 이 학교는 유일하게 부사관을 전문적으로 길러내는 고등학교이다.

해병대 부사관이 되는 방법

고등학교 졸업 이상의 학력을 갖춘 18~27세의 청년은 해병대 부사관에 지원할 수 있다. 해병대도 근무 기간이 6개월 이내로 남은 병

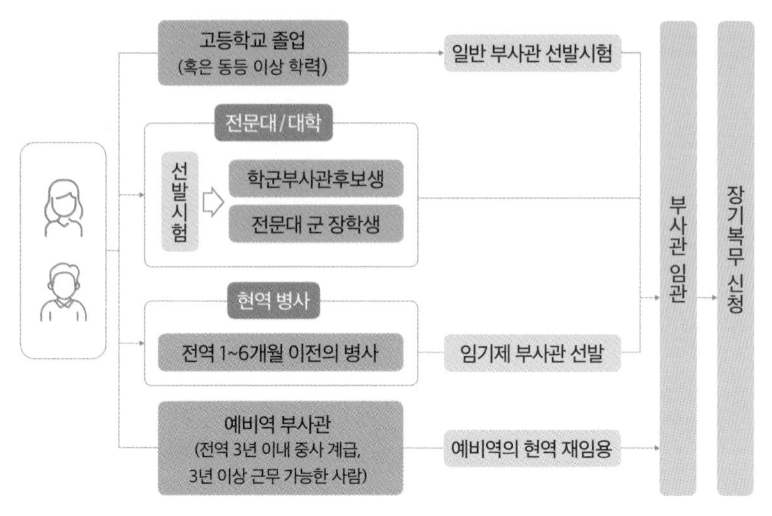

해병대 부사관이 되는 방법

사는 부사관으로 지원할 수 있고(임기제 부사관), 부사관 중 '중사'로 군 복무를 마친 지 3년이 되지 않고, 다시 군대에 들어와 3년 이상 더 근무할 수 있는 사람은 같은 계급의 부사관이 될 수 있다(예비역의 현역 재임용). 여주대학교 학생은 부사관 학생군사교육단에 들어가 훈련을 받고 졸업하면 해병대 부사관이 된다.

군협약 부사관학과 졸업

각 군대는 대학과 계약해서 군사 관련 학과 입학생에게 장학금을 주고 교육을 지원한 후 부사관으로 선발하거나, 부사관 지원 시 가산점을 주기도 한다.

특수 부대의 부사관이 되는 방법

각 군에 설치된 특수 부대의 부사관에도 지원할 수 있다. 낙하산을 타고 적지 깊숙한 곳에 뛰어내려 작전을 펼치는 육군 특수전 사령부(특전사), 특전사와 함께 적지에 뛰어내려 비행기가 목표 지점까지 제대로 날아오도록 길을 안내하는 공정통제사, 바다에서 사고가 났을 때 인명을 구조하는 해난구조전대, 바다에서 테러에 맞서 싸우고 군사 작전을 수행하며 인명도 구조하는 해군 특수전 부대, 해병대가 상륙할 때 먼저 적지에 침투하여 특수 작전을 하는 해병대 특수 수색대, 조난 조종사를 구출하는 공군 특수 구조팀 등 각종 특수 부대의 부사관으로 지원할 수 있다. 자격 조건과 시험 방법은 특수 부대마다 다르다.

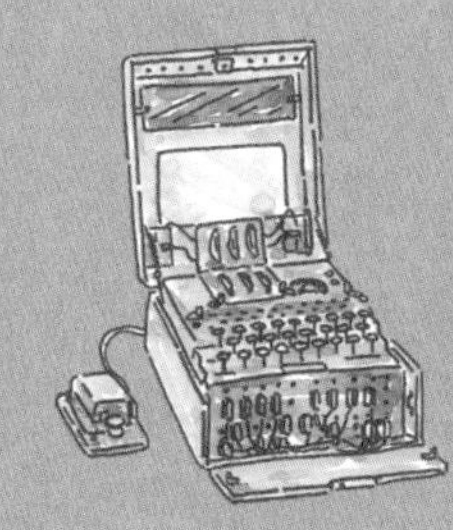

2부 비밀을 몰래 알아내는 사람, 스파이

스파이의 탄생과 발전

•

정보량의 차이는 전투의 승패를 가를 정도로 큰 영향을 준다. 스파이는 적의 비밀 정보를 몰래 알아내서 빠르게 전달하고 분석하여 전투를 유리한 방향으로 이끈다. 또한 정치적으로 반대 세력을 감시하기도 한다.

고대 문명과 스파이의 탄생

여러 이름을 가진 스파이

인류는 오랜 옛날부터 귀중한 자원을 얻기 위해 무리지어 싸웠다. 적의 수가 얼마나 되는지, 먹을 것은 충분한지, 지도자의 능력이 뛰어난지, 무리 안에 다른 생각을 하는 사람은 없는지 등 사정을 미리 알면 적과 맞서 싸우기 쉬웠다. 그래서 적의 무리에 몰래 들어가 비밀을 빼내는 사람이 생겨났는데 이들이 바로 '스파이'이다.

스파이는 첩자, 첩보원, 간첩, 간자, 공작원, 정보요원 등 시대와 상황에 따라 여러 이름으로 불렸다. 호칭에 사용된 한자 '첩諜'에는 '몰래 엿보다, 살피다'는 뜻이 있다. '간間'에도 같은 의미가 있어서 모두 '비밀리에 남의 사정을 살피는 사람'을 뜻한다. 공작원은 적을 혼란하게 하는 역할을 강조한 이름이고, 모든 스파이 활동을 하는 이들을 뭉

첩보와 정보

스파이의 세계에서는 첩보와 정보를 구분한다. 의미를 알 수 없는 조각난 사실을 '첩보(information)'라고 한다. 이 첩보를 모아서 분석해 쓸모 있는 내용을 가려내고, 중요한 의미를 끌어낸 것을 '정보(intelligence)'라고 한다. 흔히 information은 정보, intelligence는 지능이라고 번역하기 때문에 혼동할 수 있다.

예를 들어 적국에 간 스파이 한 명이 "동쪽에 있는 항구에 배가 많이 모이고 있다"라는 첩보를 보내고, 다른 스파이가 "서쪽에 있던 군대가 동쪽으로 이동하고 있다"라는 첩보를 보내면 이 첩보를 분석해서 "적군이 배를 타고 상륙할 준비를 한다"라는 정보를 알아낸다. 그리고 알아낸 정보에 따라 '적의 상륙에 대비해서 군대를 준비'하는 대책을 세우고, 적이 이동하는 도로를 파괴해서 시간을 끄는 '비밀공작'을 한다.

하지만 첩보와 정보 중에서 어떤 단어를 사용하든 뜻이 통하기 때문에 특별히 나눠 써야 할 때를 제외하고는 첩보와 정보를 구분하지 않는다.

뚱그려 정보요원이라고도 부른다. 영어로도 스파이를 에이전트agent, 비밀 요원secret service 등 다른 이름으로 부르기도 한다. 이 책에서는 주로 스파이나 첩자라는 이름을 사용하며, 상황에 따라 간첩이나 정보요원이라고 한다. 이름마다 의미가 다르지는 않다.

훌륭한 스파이는 '드러나지 않는' 스파이

스파이는 카멜레온처럼 주위 환경에 따라 모습을 바꾸고, 여러 사람 속에 숨어 비밀리에 정보를 수집하고 임무를 수행한다. 그래서 우리에게 잘 알려진 스파이는 '실패한 스파이'인 경우가 많다. 임무를 성공적으로 수행한 스파이는 사람들에게 알려지지 않았을 것이다. 또한 보통 사람은 스파이에 관한 기록에 접근하기 어렵기 때문에 스파이 직업을 다른 직업처럼 분명하게 이야기하기는 힘들다.

고대 이집트 왕국의 스파이

스파이는 오래전부터 존재했다. 스파이는 자신을 드러내지 않는 직업이기에 역사에 잘 나타나지 않지만, 고대 이집트에서부터 그 흔적이 발견된다. 이집트에는 왕인 파라오의 명령을 받아 군사를 거느리고 전국을 돌아다니며 세금을 걷는 관리가 있었다. '왕의 심부름꾼', '폐하의 마차 몰이꾼'이라 불린 이들은 국경 지역의 상태를 살피고, 이웃 나라의 상황이나 백성들의 속마음도 알아내 왕에게 보고했다. 사제 역시 정보를 얻으면 파라오에게 알렸기 때문에는 이들에게 '파라오의 눈과 귀'라는 별명이 있었다.

이집트는 적의 스파이에게 속아 전쟁에서 크게 패할 뻔하기도 했다. 기원전 1274년 이집트의 파라오 람세스 2세는 소아시아(지금의 터키 지역)에 자리 잡은 강대국인 히타이트와 팔레스타인(지금의 이스라엘, 팔레스타인 지역)을 두고 전쟁을 벌였다. 람세스 2세는 직접 군대를 지휘해서 전쟁터로 나갔는데, 길잡이로 가장한 히타이트의 첩자

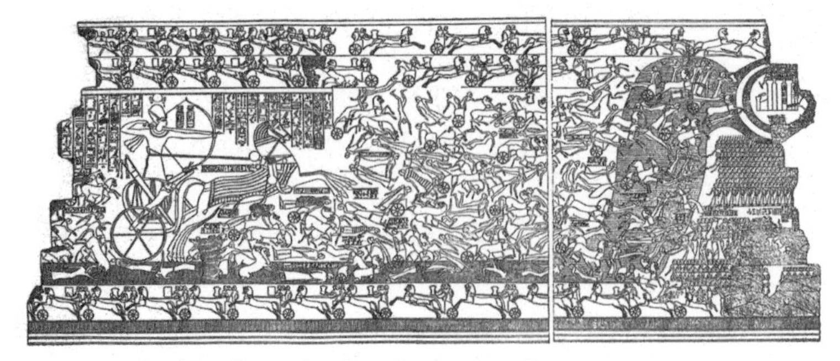

람세스 2세의 기념 사원 라메세움의 카데시 전투 벽화

에게 속아 함정에 빠졌다. 이집트군은 히타이트군을 간신히 물리치기는 했지만 큰 손해를 입었다.

바빌로니아의 스파이

바빌로니아 왕국은 정보를 모으는 것도 중요하지만, 모은 정보를 빠르고 정확하게 전달하는 것이 더 중요하다는 것을 잘 알고 있었다. 바빌로니아는 국경의 군인이 얻은 정보를 수도에 빠르게 전달하기 위해 도로를 잘 닦아 두었다. '왕실의 파발꾼'은 이 길을 통해 빠르게 소식을 전했고, 곳곳에 연기나 불을 피워 신호를 보내는 봉수대를 설치

빠르게 오갈 수 있도록 포장한 고대 바빌로니아의 도로 바닥

해 전쟁이나 위급 상황을 알렸다.

가장 오래된 기밀문서는 기원전 함무라비 왕의 궁정에서 외교 사절로 위장한 스파이가 작성한 보고서라고 알려져 있다. 스파이는 '기밀문서'라고 적힌 석판을 밀수해서 마리 왕국의 조력자에게 넘겼다. 이 석판은 20세기에 발견된 직후 사라져서 아직 발견되지 않았다.

페르시아의 스파이 조직

페르시아는 전성기에 서쪽으로는 그리스, 동쪽으로는 인도까지 넓은 지역을 20개 지방으로 나누어 다스렸다. 각 지방은 총독이 다스렸으며 왕궁에는 모든 지방을 감시하는 관청이 있었다. 이곳에서 정보를 모으고 분석하는 사람을 '왕의 눈'이라고 불렀다. 왕은 중요한 정보를 가져온 사람에게 큰 상을 주었기 때문에 많은 사람이 앞다투어 왕에게 도움이 되는 정보를 찾아다녔다. 때로는 높은 직위의 관리를 지방에 내려보내 각 지방의 총독과 관리들이 믿을만한지 알아보게 했다.

페르시아도 수도인 수사(현재 이란의 슈시)와 각 지방을 잇는 길이 잘 만들어져 있었다. 길을 따라서는 일정한 간격을 두고 요새와 상인들이 묵는 숙소, 파발꾼들이 묵는 숙소가 있었다. 또한 잘 갖춰진 봉수대로 연락을 빠르게 주고받았다.

중국에 등장한 첩자

기원전 2000부터 기원전 1600년 사이에 중국에 있었다고 전해지는 하夏나라의 왕자 소강이 "반란으로 나라를 잃었지만, 다시 힘을 기르고 부하 장군 여애를 보내 적의 상황을 살피게 했다"는 기록이 있다. 바로 이 여애가 기록에 나타난 중국 최초의 첩자이다.

또한 하나라의 마지막 왕, 걸은 신하의 말을 듣지 않고, 난폭하며 사치를 즐기는 것으로 유명했다. 하나라의 신하였던 탕은 신뢰하던 이윤을 보내 걸왕의 나쁜 버릇과 백성들의 불만을 알아 오도록 했다. 탕은 이윤이 알아온 정보를 활용해서 걸왕을 몰락시키고 상 왕조를 세웠다.

여애나 이윤은 모두 왕의 신임을 받는 높은 관리로, 특별히 잠시동안 첩자 활동을 했으며 목적을 달성한 후에는 다시 자기 역할로 돌아갔다. 그러나 상나라를 물리친 주나라에는 나랏일을 하는 관리 중에 첩자와 같은 일을 하는 사람이 있었다. 주나라의 '환인'은 군대 안에서 몰래 나쁜 일을 꾸미는 사람을 잡아냈고, '장륙'은 그렇게 잡힌 사람을 처형했다.

그리스와 로마의 스파이

알렉산더 대왕의 스파이

고대 그리스에는 인구 5천 명이 채 안 되는 도시를 중심으로 한 작은 국가 폴리스가 여럿 있었다. 폴리스 시민들은 서로 잘 알고 지냈으며, 시민들이 직접 지도자를 뽑았다. 특히 유력한 정치 지도자는 누구나 다 잘 아는 사람이었기 때문에 특별히 비밀 정보를 찾을 필요가 없었다. 그래서 고대 이집트나 페르시아와 같은 비밀 첩보 조직은 찾기 어려웠다.

그리스 반도 북쪽의 도시 국가 마케도니아가 기원전 4세기 그리스의 최강 세력으로 떠올랐다. 알렉산더 대왕은 동쪽으로 군대를 몰아 페르시아를 무찌르고 인도까지 진출한다. 알렉산더의 승리는 강력한 군대 덕분이기도 했지만, 적의 정보를 정확하고 빠르게 알린 스파이의 역할도 컸다. 알렉산더는 여러 민족으로 구성된 군대를 지휘하고, 문화와 전통이 다른 지역을 다스리기 위해 페르시아의 스파이 기술을 활용했다. 또한 믿을만한 신하를 통해 페르시아 귀족이나 장군 등 높은 지위의 포로를 감시해서 필요한 정보를 얻어냈으며, 왕을 가까이에서 시중드는 신하는 비밀리에 병사들이 하는 이야기를 엿듣고, 편지를 몰래 뜯어보면서 혹시 왕에게 불만을 품고 있는 사람이 있는지 감시했다. 페르시아도 가만있지 않았다. 싸우기 전에 스파이를 보내 거짓 정보를 흘리기도 했고, 알렉산더를 죽이고 대신 왕이 되라고 알렉산더의 친척들을 꼬드기기도 했다.

형편없었던 로마의 스파이

로마에는 전문적인 첩보 조직이 없었다. 필요할 때만 그때그때 돈을 주고 스파이를 고용했으며 장사를 하는 상인, 배를 모는 선원을 통해 정보를 얻는 정도였다. 기원전 387년 지금의 스위스, 프랑스 등 서부, 중부 유럽에 살던 갈리아인이 로마를 공격했을 때, 적군이 로마 성벽을 넘어올 때까지 아무도 모르고 잠들어 있었다고 한다. 키우던 거위가 낯선 사람을 보고 놀라 꽥꽥거리자 그제야 로마인들이 잠에서 깨어났다고 할 정도로 초기 로마의 첩보망은 형편없었다.

기원전 3세기 로마의 가장 강력한 적은 지금의 북아프리카와 스페인에 자리 잡고 있었던 카르타고였다. 카르타고의 장군 한니발은 스페인에서 군대를 모으고, 알프스산맥을 넘어 이탈리아반도로 들어가 로마를 공격했다. 로마군의 스파이가 제대로 정보를 보내지 못해 로마는 한니발이 어디로 군대를 몰고 오는지 알지 못했고, 한니발을 막기 위해 보낸 군대는 한니발이 이미 떠난 뒤에야 도착하고는 했다. 로마는 카르타고와 오랜 전쟁 끝에 결국 승리했지만, 처음에는 한니발의 공격으로 엄청난 손해를 입었고, 수많은 로마군이 목숨을 잃었다.

카이사르, 스파이를 활용하다

로마의 세력이 이탈리아반도를 넘어서 유럽, 북아프리카, 소아시아 지역으로 커지면서 제대로 된 정보조직과 스파이가 필요해졌다. 로마의 정치가이자 장군인 율리우스 카이사르(기원전 100~기원전 44)는 로마가 세계적인 제국으로 성장하기 위해서는 정보를 제대로 관리하고 활용해야 한다는 점을 잘 알고 있었다.

기원전 58년, 카이사르는 갈리아 지역의 총독으로 임명되었으며 스파이를 통해 얻은 정보, 로마에 협력하던 갈리아인과 게르만인이 가르쳐준 정보, 전투에 나선 정찰

갈리아 지역의 지리, 풍습, 정치 및 사회 제도 등이 자세히 나와 있는 『갈리아 전기』

병들의 소식 등을 종합해서 작전을 세우고 갈리아의 여러 종족과의 전쟁을 승리로 이끌었다.

본격적으로 스파이가 활약한 로마

기원전 27년 로마는 공직을 지낸 유력한 가문 출신으로 구성된 원로원과 투표로 뽑힌 지도자가 중심이 되어 나라를 다스리는 공화정에서 황제가 다스리는 제국으로 정치 제도가 바뀌었다. 이때부터 본격적으로 전문적인 정보조직과 스파이가 등장해서 나라 안팎의 정보를 수집하고 관리하기 시작했다.

카이사르의 조카이자 로마의 첫 황제인 옥타비아누스(기원전 63~기원전 14)는 도로에 마차와 파발꾼을 일정한 간격으로 준비해 두었다가 급한 명령이나 빠르게 전달해야 하는 정보가 있는 경우 이들이 교대로 이동하는 제도를 만들었다. 또한 화재를 예방하고 진압하는 소방대 '비질레스Vigiles'를 만들었는데 이들은 로마 내부를 감시하는 스파이 역할도 했고 폭동이나 반란을 진압하기도 했다.

샤를 7세의 비질레스 (1484) (프랑스 국립도서관)

100년대 초반 하드리아누스 황제(76~138)는 '프루멘타리Frumentarii'라는 비밀경찰을 만들었다. 프루멘타리는 원래 곡물을 사고파는 상인이었는데, 식량을 사기 위해 여러 시장과 도시, 항구를 돌아다녔고 자연스럽게 정보를 얻을 수 있었다. 하드리아누스 황제는 이들을 스파이로 활용했고, 프루멘타리는 모든 지역에서 정보를 수집했다. 로마가 기독교를 탄압할 때는 기독교 신자들을 찾아내고 도망가는 신자를 쫓아가 잡는 일도 했다. 그러나 로마 제국 후기 고위 관리나 세력가들이 자기 이익을 위해 프루멘타리를 사사롭게 동원하는 등 부작용이 심해져서 프루멘타리는 없어지게 되었다.

로마 군대에는 '스페큐라토스' 또는 '엑스플로라토레스'라는 이름의 특수한 군인이 있었다. 이들은 적진을 정찰하고 적의 내부에 잠입해서 정보를 빼냈고 때로는 중요한 인물을 살해하는 암살자로 활동하기도 했다.

동로마 제국의 스파이

395년 로마는 서로마 제국과 동로마 제국으로 나뉘었다. 서로마 제국은 475년 게르만족의 용병대장 오도아케르에 의해 멸망했지만 비잔티움 제국이라고도 불리는 동로마 제국은 오랫동안 남아 로마의 전통을 이어나갔다. 319년, 비잔티움 제국의 황제 콘스탄티누스 1세는 비밀 활동을 하는 '아젠테스 인레부스Agentes in rebus'를 만들었다. 이들은 특수 부대에 속한 군인으로 비밀 임무를 수행했는데 그중에는 파발꾼을 감시하는 일도 있었다. 파발꾼이 비밀 정보를 도중에 빼돌리거나 거짓 정보를 전달하면 나라 전체가 큰 피해를 받을 위험이 있었기 때문이다. 국경에는 스파이를 막기 위한 특수한 부대가 있었고 항구의 경찰은 상인과 일반인으로부터 정보를 입수했으며, 페르시아나 몽골 등지에 보낸 외교 사절도 스파이 노릇을 했다. 반면 동로마 제국을 방문하는 외국 사절은 일거수일투족을 감시하는 호위병과 반드시 함께 다녀야 했다.

중동·서아시아의 스파이

이슬람과 인도의 스파이

무함마드가 알라의 예언자로서 가르침을 전하며 시작된 이슬람은 서쪽으로는 이베리아반도(스페인 지역), 동쪽으로는 인더스강에 이르는 거대 제국을 건설한다. 이슬람에서도 파발이나 우편 업무를 하는 사람이 정보 수집을 함께 했다. 우편 일을 하는 관리를 '칼리프*의 눈'이라고 불렀는데 이들은 고위 관리의 사생활도 철저히 감시해 칼리프에게 보고했다. 또한 상인들로 이루어진 첩보 조직이 있었으며, 전쟁에서 잡힌 포로를 통해서도 정보를 얻어냈다.

고대 인도에도 고도로 발달한 스파이와 스파이 조직이 있었다. 가

* 이슬람 국가의 최고 지도자

난한 농부, 부랑자, 구걸로 살아가는 수도승, 손님을 끄는 호객꾼 등이 보통 사람들에게서 여러 가지 첩보를 모았다. 왕은 높은 지위의 신하가 언제나 자기 자리를 빼앗을 수 있다고 생각해서 특수한 훈련을 받은 전문적인 스파이를 보내 철저하게 감시했다. 스파이는 요리사, 하인, 이발사 등으로 위장해 신하의 집에 들어가 정보를 알아냈다. 왕족은 특별히 더 엄하게 감시해서 약점을 파악했고, 위협이 될 것 같은 인물은 몰래 살해하기도 했다.

성경에 등장하는 스파이

기독교 성경에도 스파이에 관한 이야기가 나온다. 이스라엘 민족은 모세의 인도를 따라 광야를 떠돌다가 가나안(지금의 이스라엘)에 자리 잡기 전 12명의 스파이를 미리 보낸다. 그곳이 어떤 곳인지, 그곳에 사는 사람들의 세력과 도시의 방어 시설 및 성벽의 상태는 어떤지, 땅은 기름지고 나무는 많은지 등을 알아보고 그 지역에서 나는 과일을 가져오게 했다(민수기 13).

예리코 성의 유적

또한 이스라엘이 예리코 성을 공격하기 전에 두 명의 스파이가 예리코 성에 미리 들어가 라합이라는 여인의 집에 머물며 첩보활동을 했다. 하지만 그들은 금방 정체가 발각되었

비밀을 지키는 방법, 은폐와 암호

혹여나 중요한 정보가 적의 손에 넘어가더라도 그 정보를 알아볼 수 없도록 해야 한다. 이를 위해 중요한 내용을 눈에 띄지 않게 숨기는 '은폐' 기술과 읽을 수는 있어도 뜻을 알 수 없도록 쓰는 '암호화' 기술을 사용한다.

스키테일

널리 알려진 옛날 암호화 기술로는 스파르타의 '스키테일'이 있다. 스키테일은 둥그런 나무 막대인데, 스키테일에 가느다란 가죽을 둘둘 감고 그 위에 글을 쓴 다음 풀어낸다. 그러면 같은 굵기의 나무 막대를 가진 사람만 가죽을 다시 처음처럼 둘둘 말아 글을 읽을 수 있었다.

단순한 암호화 기술로는 알파벳 바꾸기가 있다. 예를 들어 실제 알파벳보다 세 번째 뒤의 알파벳을 쓰면 책을 의미한 'BOOK'은 'ERRN'이 된다. 율리우스 카이사르도 이 암호 방식을 이용했다. 이렇게 규칙을 정해두면 암호화와 해독이 편리했지만, 상대방이 규칙을 알아내면 모든 암호를 풀 수 있다는 한계가 있었기 때문에 암호화 방법은 갈수록 복잡해졌다.

9세기쯤 어느 이슬람 학자가 알파벳 낱자가 사용되는 빈도를 계산하는 암호 해독 방식을 고안했다. 예를 들어 영어에서는 'E'가 가장 흔하게 쓰이고 그 다음으로 'A', 'R', 'I'가 많이 사용된다. 그에 따라 암호문에 쓰인 기호의 숫자를 세서 가장 많이 쓰인 것을 'E'로, 그 다음을 'A'로 바꿔서 암호를 풀어보는 것이다.

고 예리코 성의 왕은 라합에게 스파이를 끌어내라고 명령했다. 라합은 꾀를 내어 스파이를 지붕에 숨기고 스파이가 이미 떠났다고 왕을 속였다. 스파이는 라합의 도움으로 밤에 몰래 도망갈 수 있었고, 대신 이스라엘이 예리코 성을 함락하더라도 라합과 그의 친척은 보호해 주겠다고 약속했다. 라합은 이스라엘군이 알아볼 수 있도록 집 창문에 붉은색 줄을 내려두기로 했다(여호수아 2). 결국 이스라엘은 예리코 성을 함락했고, 라합과 그의 가족은 무사히 살아남았다.

중세 유럽의 스파이

스파이, 다시 등장하다

서로마 제국 멸망 이후 수백 년간 스파이에 대한 기록은 거의 등장하지 않는다. 그리고 11세기 노르망디 공국(오늘날 프랑스 지역)의 윌리엄 1세가 영국을 정복하는 과정에서 스파이 활동이 다시 등장한다.

영국의 해럴드 왕은 윌리엄 1세의 동정을 살피기 위해 노르망디 지역에 스파이를 보냈다. 스파이는 정체가 발각되어 붙잡혔는데, 윌리엄은 그를 죽이는 대신 만들고 있는 배를 슬쩍 보여주고 풀어주었다. 영국으로 돌아간 스파이는 윌리엄이 배를 만들고 있다 알렸고, 해럴드 왕은 윌리엄이 언제 쳐들어올지 몰라 긴장하고 공포에 떨었다. 윌리엄은 적의 스파이를 이용해서 상대방의 사기를 떨어뜨리고 혼란을 주는 심리전을 펼친 것이다.

헤이스팅스 전투 (프란시스 윌리엄 윌킨, 1820)

마침내 영국을 침략한 윌리엄은 스파이를 사방으로 보내 싸우기 좋은 장소를 고르는 한편 해럴드 왕에게는 잘못된 정보를 퍼트렸다. 결국 윌리엄은 헤이스팅스 전투에서 해럴드 왕과 싸워 크게 이기고 영국을 정복했다.

영국과 프랑스의 혈투

영국과 프랑스는 14세기부터 백 년도 넘게 치열하게 싸웠으며, 이때 스파이와 이중 스파이가 활약했다. 프랑스는 영국 남부 해안에 스파이를 보내 정보를 얻었으며, 섬나라인 영국은 무역을 하는 대륙의 도시에서 프랑스의 정보를 모았다. 영국 왕의 신하인데 프랑스를 위해 스파이 활동을 하는 사람도 있었으며, 프랑스 성직자가 돈을 받고 영국을 위한 스파이 노릇을 하기도 했다. 지방의 총독이나 장군에게는 스파이 조직을 운영하기 위한 자금이 따로 있었으며, 때로는 군대에 사용되는 돈의 3분의 1이 스파이에게 쓰였다.

영국의 스파이 대장

엘리자베스 여왕(가운데)과 프랜시스 월싱엄(오른쪽) (영국 국립 초상화 미술관)

16세기 영국에 첩보 조직이 만들어졌다. 엘리자베스 여왕의 비서는 프랜시스 월싱엄(1532~1590)이라는 사람을 불러들여 스파이 조직을 운영하도록 맡겼다. 프랜시스 월싱엄은 대학에서 법률을 공부했고, 젊어서는 이탈리아에 살면서 외국어를 배우고 온갖 직업의 사람들과 사귄 사람이었다.

당시에는 전문적인 스파이가 드물었다. 외교 사절, 상인, 정치가, 성직자 등이 스파이로 활동했으며 하인, 비서, 하급 관리, 범죄자나 불량배 등을 이용해서 첩보를 얻었다. 월싱엄은 자신의 돈을 들여 스파이를 고용했고, 전문적인 스파이를 길러냈다. 그는 여왕을 암살하려는 음모를 여러 차례 막아냈으며, 영국을 공격하려는 스페인의 작전을 미리 알아내서 스페인과의 전쟁에서 영국이 승리하는 데 이바지했다. 또한 아메리카 신대륙에서 귀중품을 나르는 스페인 배를 공격하는 작전을 펼치기도 했다.

프랑스의 스파이, 리슐리외 추기경과 조셉 신부

한 나라를 대표해서 다른 나라에 가 있는 관리를 외교관이라고 한다. 외교관 제도는 15세기 이후 유럽에 자리를 잡았다. 프랑스의 재상이자 고위 성직자였던 리슐리외 추기경(1585~1642)은 외교관을 스파이 활동에 이용했다. 리슐리외 추기경은 다른 나라에 가 있는 외교관을 통해 정보를 수집하고 그 나라의 유명한 예술가와 학자들을 지원해서 프랑스에 유리한 쪽으로 작품 활동을 하도록 독려했다. 또한 신문과 잡지를 발행하여 프랑스 국민의 여론을 정부가 원하는 쪽으로 이끌었다. 그는 심지어 필요한 정보를 얻기 위해서 성직자를 활용하기도 했다.

리슐리외 추기경

리슐리외 추기경 밑에서 활약한 조셉 신부(1577~1638)는 귀족 출신에 외교적 경험이 풍부하고, 국제 정세를 잘 알았다. 그는 왕이나 귀족의 고해성사*를 받는 신부들로부터 귀중한 정보를 수집해서 프랑스를 위해 이용했다. 프란시스코파 수도회의 교구장**이었던 그에게는 원하는 곳으로

* 가톨릭에서 자기 죄를 고백하고 뉘우치는 일

** 일정한 지역에서 가장 높은 성직자

성직자를 보낼 권리가 있어서 정보 수집에 유리했다. 조셉 신부는 때로는 직접 외교관으로 나서서 스파이 활동을 하기도 했고, 유럽의 운명을 결정하는 강대국 간의 외교와 전쟁에 큰 영향을 미쳤다. 리슐리외 추기경과 조셉 신부는 프랑스에서 '외국 정보 수집의 아버지'라 불린다.

18세기 프랑스의 비밀 조직

1746년 프랑스 왕 루이 15세는 '스크레 뒤 루아secret du roi', 우리말로 하면 '왕의 비밀'이라는 이름의 첩보 조직을 만들었다. 이곳에서 일하는 사람들은 서로의 정체를 몰랐고, 개인만의 고유한 비밀번호를 써서 정보를 보고했다. 프랑스의 왕도 이 조직이 보내는 편지를 받을 때는 가짜 이름과 주소를 사용할 정도로 철저하게 비밀을 지켰다.

스크레 뒤 루아에서는 주로 외교관을 통해 정보를 입수했고, 다른 나라의 왕족이나 고위 관리에게 뇌물을 주어 뜻대로 행동하도록 하거나 다른 나라의 왕위 계승에 관여했으며, 러시아나 오스트리아 같은 강대국과의 비밀 외교를 돕기도 했다. 만약 이곳에 속한 이들이 스파이 활동을 하다 체포되어도 프랑스 왕과 정부는 모른 체하고 아무 도움도 주지 않았다.

미국 독립 전쟁과 스파이

영국의 북아메리카 식민지는 1775년 영국으로부터 독립하기 위한 전쟁을 시작했다. 식민지 대표들이 모인 '대륙회의'에는 외국의 유력한 사람들과 연락해서 식민지의 독립을 지지하도록 하는 '비밀통신위원회'가 있었다. 영국에 대항하는 식민지 군대, '대륙군'의 총사령관은 훗날 미국의 첫 대통령이 되는 조지 워싱턴이었다. 대륙군은 영국군보다 전력이 약했기 때문에 정면으로 맞부딪히기보다는 적의 약점을 공격해야 했다. 조지 워싱턴은 미리 적의 상황을 알아내고자 스파이 부대를 적극 활용했다. 미국은 이중간첩을 활용해서 영국군에게 대륙군의 병력이 많다는 거짓 정보를 보내기도 하고, 영국군 사령관 사이에 오가는 비밀 편지를 훔쳐 암호를 해독하기도 했다.

CIA 본관에 세워진 네이선 헤일의 동상 (CIA)

미국 독립 전쟁에 참여한 유명한 스파이로 네이선 헤일(1755~1776)이 있다. 대륙군 소속 군인이었던 네이선 헤일은 뉴욕에 몰래 숨어들어 정보를 수집하다가 영국군에 붙잡혀서 처형되었다. 그는 죽음을 앞두고도 침착하고 당당하게 행동한 것으로 유명했는데, 훗날 미국 독립 전쟁의 영웅으로 떠받들어졌다. 오늘날 미국의 국가 정보 기관인 CIA 본관에는 네이선 헤일의 동상이 서 있다.

격변의 시기, 프랑스의 스파이

1789년 프랑스에서는 시민들이 혁명을 일으켜 왕을 몰아내고 새로운 공화국 정부를 세웠다. 프랑스 혁명 이후 유럽은 수십 년에 걸쳐 엄청난 변화를 겪었다. 이 혼란과 격변의 시기에 프랑스의 비밀경찰과 스파이 조직을 만들고 관리한 사람이 조제프 푸셰(1759~ 1820)였다. 그는 프랑스 혁명 시기에 공화파로 왕을 몰아내는 데 앞장섰으며, 내부 반란을 잔인하게 제압한 것으로 이름을 날렸다. 프랑스 혁명이 성공한 다음에는 경찰 장관이 되어 전국 방방곡곡에 비밀 스파이와 정보원을 보내 모든 정보를 한 손에 쥐었다. 그는 정부에 반대하는 이들을 비롯하여 여러 중요 인물, 영국과 다른 나라의 스파이, 외국 이민자, 외국에서 돌아오는 프랑스 사람 등을 철저하게 감시했고, 인물 카드를 만들어서 그 카드에 인물에 관해 알아낸 모든 정보를 기록해 두었다. 귀족 출신이나 고위 관리는 푸셰를 은밀히 만나 자신의 개

프랑스 리옹에서의 푸셰(오귀스트 라페, 1834)

인 정보 카드를 없애 달라고 부탁하기도 했다.

공화국 정부의 통령이었던 나폴레옹은 권력을 장악하고 전 유럽을 상대로 전쟁을 벌여 승리를 거둔 뒤 1802년 스스로 황제에 올랐다. 나폴레옹을 지지한 조제프 푸셰에게는 다른 나라의 스파이 명단이 있었다. 그는 영국의 지원을 받아 반란을 일으키고 나폴레옹을 암살하려는 음모를 꾸민 자들을 막아내기도 했다. 그러나 1814년 나폴레옹이 황제 자리에서 쫓겨나고 프랑스 왕가가 돌아오자 푸셰는 프랑스에서 추방되었다. 푸셰는 프랑스로 다시 돌아가지 못하고 오스트리아에서 세상을 떠난다.

또 다른 프랑스의 유명한 스파이는 카를 슐마이스터(1770~1853)다. 그는 잡화상을 운영했는데 허가받지 않고 외국 물건을 들여 파는 일로 돈을 벌었다. 그러다 프랑스 장군의 눈에 들어 스파이로 채용된 슐마이스터는 프랑스 귀족으로 가장하고 오스트리아 군대에 들어갔다. 그는 잘못된 정보를 전해 오스트리아군을 속였고 여기 넘어간 오스트리아군은 프랑스 군대에 크게 패했다. 그는 그 후로도 여러 활동을 이어 나가다 오스트리아 방첩 기관에 붙잡혔지만, 탈출에 성공하여 프랑스로 돌아갔다.

카를 슐마이스터

변화하는 스파이

국가 내부의 정보가 중요해지다

프랑스 혁명 이후 유럽 사회에서는 권력자에게 반대하는 새로운 정치 세력이 커갔으며, 사회 제도도 크게 바뀌기 시작했다. 권력을 가진 사람들은 나라 안의 불만 세력, 반대 세력의 동태를 열심히 살피기 시작했고, 이런 정보를 수집하는 '경찰 스파이'의 역할이 중요해졌다. 경찰 스파이는 일부러 감옥에 갇혀 범죄자들의 생활과 사정을 익히기도 했고, 도둑이나 범죄자를 스파이로 고용해서 범죄 조직의 정보를 입수하기도 했다.

정보 수집과 분석을 담당하는 장교

군대가 발전하면서 장교들도 전문적인 교육을 받기 시작했다. 군대에는 능력 있고 똑똑한 장교들이 모인 '참모부'가 생겨 지휘관을 도와 작전을 세우고 정보를 수집하고 분석했다. 참모부 장교들은 정보를 수집하고 분석하는 전문적인 훈련도 받았다.

1810년 이후에는 외국에 설치된 대사관에 군인을 보내서 군사와 관련된 외교 업무를 맡겼다. 이들은 외교관 신분으로 상대국의 군사 훈련에 초대받아 가기도 했지만, 때로는 몰래 정보를 모으는 스파이 활동도 마다하지 않았다. 요즘도 간혹 불법으로 정보를 수집하다 발각되어 그 나라에서 추방되는 일이 생긴다. 20세기에는 첩보 장교를 위한 교과서와 특별한 교육도 생겨나기 시작했다.

군대와 스파이

오스트리아 중앙 우체국에 오랫동안 아무도 찾아가지 않는 편지 한 통이 있었다. 편지를 보낸 사람을 확인해서 돌려주기 위해 우체국에서 그 편지를 열어 보았는데, 편지 봉투 안에는 고액의 수표와 주소가 쓰인 종이가 들어있었다. 수상하게 생각한 우체국에서는 경찰에 신고했고, 경찰에서 확인해 보니 러시아 스파이들이 주로 이용하던 주소라는 것이 밝혀졌다. 경찰은 편지를 다시 봉투에 넣어 우체국에 두었고 형사가

알프레드 레들

잠복해서 찾으러 오는 사람이 있는지 감시했다. 얼마 후 편지를 가져가는 사람을 잡고 보니 육군 대령인 알프레드 레들(1864~1913)이었다. 그는 군사기밀을 러시아에 파는 스파이였다. 오스트리아 정부는 이 사건이 국가의 망신이라고 생각하여 레들이 스스로 목숨을 끊는 것으로 사건을 덮으려고 했다. 오스트리아 정부는 레들이 '알지 못하는 이유'로 사망했다고만 발표했다. 하지만 결국 전말이 밝혀져 신문에 실리고, 오스트리아 정부는 큰 비난을 받았다. 실제로 레들이 얼마나 많은 정보를 빼돌렸는지는 밝혀지지 않았다.

레들은 분명한 스파이였지만, 스파이라는 누명을 쓰고 감옥에 간 군인도 있었다. 알프레드 드레퓌스(1859~1935)는 프랑스 육군 대위였다. 1894년 어느 날 독일 대사관에서 프랑스 군사기밀을 적은 서류가 발견되었는데 프랑스군은 드레퓌스를 범인으로 지목했다. 결국 드레퓌스는 무기징역을 선고받아 외딴 섬에 있는 감옥에 갇혔다. 그러나 이후 드레퓌스가 범인이라는 증거는 위조된 것이었고, 실제 범인은 다른 사람이라는 증거가 새롭게 발견되었다. 프랑스군은 이를 인정하지 않고 오히려 드레퓌스가 범인이 아니라는 증거를 찾은 군 첩보 부대 장교를 비밀 누

알프레드 드레퓌스

L'AURORE

J'Accuse...!

LETTRE AU PRÉSIDENT DE LA RÉPUBLIQUE

Par EMILE ZOLA

'나는 고발한다' 격문이 실린 로로르 신문(1898년 1월 13일 목요일).

설죄로 체포하기까지 했다. 1898년 프랑스의 유명한 소설가 에밀 졸라는 '나는 고발한다J'accuse'라는 글을 써서 프랑스 정부와 군대를 비난하며 드레퓌스 재판과 관련된 진실을 밝히라고 요구했다. 에밀 졸라는 이 글을 쓴 후 허위사실을 널리 퍼트렸다는 죄로 붙잡혀 갔고, 주위의 비난과 협박에 못 이겨 결국 영국으로 떠났다. 그러나 시간이 지나고 차츰 진실이 밝혀졌다. 증거를 위조했던 사람은 자살했고, 진짜 범인은 도망갔다. 드레퓌스는 5년 만에 감옥에서 풀려났으며, 1906년에는 무죄가 확정되어 군대로 돌아갈 수 있었다. 그 후 90년이 지난 1995년에야 비로소 프랑스군은 자신들의 잘못을 공식적으로 인정했다. 드레퓌스 사건은 국가 권력이 한 개인에게 행사한 폭력의 상징으로 남았다.

중국, 첩자의 황금기

첩자가 활약한 춘추 전국 시대

주나라는 공을 세운 신하에게 땅을 나눠 주고, 그들에게 세금을 받는 봉건제로 중국을 다스렸다. 각 지역을 다스리는 신하는 제후라고 불렀다. 기원전 771년 주 왕조는 외적의 침입과 내부 제후들의 반발로 무너지고, 제후들이 세운 여러 국가가 서로 경쟁하고 대립하는 춘추 전국 시대가 시작되었다. 춘추 전국 시대에는 다툼과 전쟁이 끊이지 않았다. 제후들은 서로에게 첩자를 보내 정보를 빼내고, 우두머리나 중요 인사를 암살하고, 뇌물과 직위를 미끼로 다른 제후의 신하를 자기 편으로 만들고, 상대편의 첩자에게 거짓 정보를 흘리는 등 온갖 계략을 썼다. 또한 첩자가 왜 중요한지, 첩자는 무슨 일을 하는지, 첩자를 어떻게 활용하는지 등을 총정리한 책이 등장했다.

첩자에 관한 모든 것, 손자병법

『손자병법』은 춘추 시대에 손자(기원전 545?~기원전 470?)가 쓴 병법 책으로 군대를 지휘하고 전투하는 방법을 담고 있다. 이 책의 「용간」 편에서는 정보의 중요성과 첩자를 이용하는 방법을 설명한다. 손자는 전쟁에 승리하기 위해서는 반드시 첩자를 활용해서 적의 상황을 미리 파악해야 한다고 강조한다.

『손자병법』은 첩자를 활용하는 방식에 따라 5종류로 분류했다. 첫 번째 '향간'은 적국의 사람을 첩자로 이용하는 것이며, 두 번째 '내간'은 적국의 관리를 첩자로 이용하는 것이고, 세 번째 '반간'은 적의 첩자를 이용해서 거짓 정보를 흘리는 것이다. 네 번째 '사간'은 첩자가 나라를 배신한 척 적국에 가서 거짓 정보를 알리는 것인데, 탄로 나면 대부분 목숨을 잃었다. 다섯 번째 '생간'은 신분을 위장하고 적국에 가서 정보를 빼내고 여러 가지 공작을 하다가 돌아와서 정보를 전하는 첩자이다. 손자는 모든 종류의 첩자를 동시에 이용해야 하지만, 그 중에서도 '반간'이 가장 중요하다고 강조했다. 반간을 잘 활용하면 향간과 내간을 끌어들이기 쉬워지고, 생간이 무사히 돌아오도록 할 수도 있기 때문이다.

손자는 군대를 지휘하는 사람은 첩자를 친밀하게 대하고, 첩자가 성공하면 반드시 큰 상을 내려주고, 첩자에게 애정과 의리를 보여 감동을 주어야 제대로 첩자를 활용할 수 있다고 주장했다. 또한 비밀 유지를 위해서 비밀이 새 나가면 비밀을 알고 있는 사람을 모두 죽여야 한다고 강조한다. 이후 병법가들은 『손자병법』을 기본으로 첩자에 관한 이론과 기술을 더욱 발전시켰으며, 현재도 군인이나 정보기관 전문가들은 손자병법을 연구한다.

첩자 활용기술, 육도

『육도』는 주나라를 세우는 데 큰 공을 세운 강태공(기원전 1211~기원전 1072)이 썼다고 전해지는 병법 책인데, 실제로는 3세기 이후에 누군가가 쓰고 강태공의 이름을 빌려온 것으로 여겨진다. 『육도』에 따르면 군대의 지휘관은 출입 증명서를 거짓으로 만들고 암호를 속여 아무도 모르게 군대를 드나드는 사람, 적은 물론 자기 편의 상태를 살피는 사람, 자기 편 군대가 강하다는 것을 멀리 퍼트려 적의 사기를 꺾는 사람, 적이 사용하는 계략을 알아내 막는 사람, 거짓 선전을 해서 적을 혼란하게 하는 사람 등 각 분야의 전문적인 첩자 24명을 거느려야 한다고 설명한다. 또한 첩자가 사용하는 기술, 약속한 비밀 신호를 이용해서 중요한 소식을 전하는 방법, 다른 사람이 알지 못하게 정보를 전달하는 암호에 대해서도 이야기한다.

명령이 사실인지 확인하는 표시, 부절

호랑이 모양의 부절

장군이 군대를 이끌고 멀리 나갈 때 왕은 두 사람만 확인할 수 있는 표시를 정해두었다. 이를 '부절'이라 하였다. 부절은 보통 나무나 금속 조각에 글이나 그림을 새기고 두 개로 나눈 것으로 한쪽은 왕이, 다른 쪽은 장군이 가졌다. 왕은 장군에게 명령을 전할 때 부절 한쪽을 보냈고, 장군은 자신이 가진 한쪽과 맞추어 보고 서로 짝이 맞으면 그 명령이 제대로 된 것으로 여겼다.

『육도』에서는 상황에 따라 사용하는 부절의 길이를 정해두고 비밀리에 소식을 전하는 방법을 소개한다. 싸움에 크게 이겼으면 길이가 한 자(약 30cm)인 부절을, 식량과 구원군을 청할 때는 길이가 네 치(약 12cm)인 부절을, 전투에 패해 병사를 잃은 경우는 길이가 세 치(약 9cm)인 부절을 보내는 식이다.

서시의 미인계

아름다운 여인을 보내 적국의 왕이나 중요 인물을 유혹하고 정보를 빼내는 것을 미인계라고 한다. 춘추 시대 가장 유명한 미인계의 주인공은 서시(?~?)다. 당시 중국의 동남부에 있던 오나라와 월나라는 오랫동안 서로 싸운 원수지간이었다. 오나라 왕 부차는 월나라를 공격해 크게 승리했고 월나라 왕 구천은 간신히 목숨만 구해 돌아왔다. 그때 월나라의 재상이었던 범려는 오나라 왕에게 월나라에서 아름

답기로 유명한 여인이었던 서시를 보내 시중을 들게 했다. 오나라 왕은 서시에 푹 빠져 나랏일을 게을리 하고, 신하들의 간언을 듣지 않았다. 그 사이에 월나라는 힘을 길러서 마침내 오나라를 멸망시킨다.

서시 (대만 국립고궁박물원)

범려는 서시를 오나라로 보내기 전 3년간 철저하게 교육했다고 한다. 서시는 첩자에게 필요한 여러 기술을 익혀서 왕 옆에서 중요한 정보를 빼돌렸으며 왕과 신하의 사이를 갈라놓는 각종 첩보 공작도 했을 것이다. 오나라의 멸망 이후 서시가 어찌 되었는지는 기록에 전하지 않지만, 서시는 지금도 중국에서 가장 아름다운 여인으로 꼽힌다.

진시황과 첩자

기원전 5세기 말부터 3세기까지 중국에는 강력한 일곱 나라 진, 조, 위, 한, 제, 연, 초가 있었는데 이를 전국칠웅이라고 부른다. 이전에는 지방을 장악한 제후들이 주나라의 권위를 인정해서 스스로 왕이라 부르지 않고 주나라 황제를 따르는 척했지만, 전국칠웅은 저마다 왕

진시황을 죽이려고 하는 형가

을 세우고 전쟁을 일삼았다.

일곱 나라 중 진나라의 세력이 점점 커졌고 결국 진나라 왕 영정은 다른 여섯 나라를 모두 멸망시키고 중국을 통일한다. 영정은 스스로 누구보다도 높은 공과 덕을 쌓았다고 주장하면서 '시황제'라는 이름을 썼다. 진시황은 다른 나라의 높은 지위에 있는 관리에게 첩자를 보내 어마어마한 재물을 주고 자기 편으로 만드는 '내간'의 계략을 주로 사용했다. 이렇게 뇌물을 받은 고위 관리는 자기 나라의 중요한 비밀을 진나라에 알리고, 때로는 자국의 왕을 설득해 진나라에 유리한 결정을 내리도록 했다.

진나라에 의해 공격을 받는 나라에서는 첩자를 보내 진시황을 암살하려고 했는데, 그중에는 형가라는 첩자가 제일 유명하다. 형가는 어려서부터 칼 쓰기를 좋아했고 독서도 열심히 했지만 관직에 나가 출세하지는 못했다. 그 대신 여러 현명한 사람들, 용감한 무인들과 사귀며 지냈다. 연나라의 태자가 진시황을 죽이려고 첩자를 찾자 사람들이 형가를 추천했다. 형가는 진시황을 비난하고 연나라로 도망간

번오기라는 자를 죽여 목을 바치겠다며 진시황에게 접근했다. 형가는 진시황 가까이에 다가갔을 때 준비해 간 칼로 그를 찌르려 했지만 실패하고 목숨을 잃었다. 적에게 거짓으로 항복하고 가까이 접근해 적군의 장군이나 왕을 죽이는 '사간'의 계략을 활용한 것이다. 이 일로 화가 난 진시황은 기원전 226년 연나라를 공격해서 수도를 함락하고 연나라 태자를 죽인다.

식객과 학자의 첩자 활동

전국 시대의 고위 귀족이나 유력자는 학식이 뛰어나거나 지혜로운 사람, 무술 실력이 훌륭하거나 다른 특별한 재주가 있는 사람을 손님으로 삼아 자기 집에서 먹여 살렸다. 이들을 '식객'이라고 했다. 수천 명의 식객을 거느린 사람도 있었으며, 식객들은 주인이 필요로 하는 일을 도왔다. 식객 중에서 여러 나라를 돌아다닌 경험이 있는 사람은 자연스럽게 주인을 위해 정보를 모으는 첩자 역할을 했으며, 위나라 왕의 아들인 신릉군은 이들을 모아 거대한 첩보 조직처럼 운영하기도 했다.

춘추 전국 시대에는 유가, 도가, 묵가, 음양가 등 다양한 학문을 함께 공부하는 집단이 생겼다. 이들은 뛰어난 학자를 스승으로 삼아 전국을 돌아다니며 왕과 귀족에게 자기 생각을 알렸는데, 자연스럽게 여러 나라의 정치 상황, 백성들의 형편, 유력한 집안의 움직임 등을 알게 되었으며 때로는 이런 정보를 다른 나라에 알려 주기도 했다.

혼란스러운 시대의 첩자들

진나라는 중국을 통일했지만 내부에서 일어난 반란으로 금방 무너져버리고, 기원전 220년 유방이 세운 한 왕조가 중국을 차지했다. 한나라는 중국 북부의 유목민족인 흉노와 오랫동안 싸웠으며, 흉노를 살피기 위해 활발한 첩보활동을 벌였다. 또한 중앙아시아를 지나가는 비단길을 오가는 상인들을 통해 외국의 정보를 얻었다.

400여 년간 중국을 다스렸던 한나라는 2세기 후반부터 혼란에 빠져 위나라, 촉나라, 오나라 셋으로 나뉘었다. 위, 촉, 오 세 나라가 서로 싸운 기간은 약 60여 년 정도로 짧지만 이 시기를 배경으로 한 나관중의 소설 『삼국지연의』가 오랫동안 널리 읽혀 우리에게도 친숙한 시기이다.

위나라를 세운 조조는 뛰어난 전략가로서 병법에 관심이 많았을 뿐 아니라 학식도 뛰어나 많은 병법 책을 지었다. 그가 지은 책은 거의 소실되었지만 『손자병법』을 정리하고 해석한 『위무주손자』가 남아있다. 오늘날 우리가 읽는 손자병법은 대부분 이것이다.

조조는 첩자를 활용한 군사 전술 '간전병학'을 만들었고, 후대의 병법가들이 이를 발전시켰다. 또한 공식적인 정보기관 '패부'를 만들고 비밀 첩자인 '교사'를 두어 민간의 정보를 수집하고 신하를 감시했다.

『삼국지연의』의 현란한 반간계

조조는 첩보술과 계략에 능했지만 『삼국지연의』에서는 반간 계략에 속아 큰 패배를 하는 것으로 그려졌다. 조조가 이끄는 위나라 군대는 양쯔강 너머 남쪽 지역의 오나라를 공격할 준비를 하고 있었다. 공격하기 전 조조는 오나라의 총사령관 주유에게 그의 어릴 적 친구인 장간이라는 신하를 보내 항복할 것을 권하게 했다. 하지만 주유는 장간에게 조조의 부하 장수 두 명이 자신과 내통하고 있다는 거짓 편지를 슬쩍 흘리는 반간 계략을 쓴다. 거짓 편지를 본 장간은 이 정보를 조조에게 전달하고, 조조는 편지에 언급된 부하 장수들을 죽여버린다.
이것은 소설 『삼국지연의』에 실린 내용이며, 역사책 『삼국지』에는 장간이 주유를 설득하러 갔지만 오나라에 대한 주유의 충성심이 강해 그냥 돌아왔다는 내용만 있다.

교사와 비슷한 정보조직으로 오나라에는 '중서성'이 있었으며, 여기 소속 관리인 '중서'가 첩자 역할을 했다.

계속되는 분열의 시대

위, 촉, 오가 겨루었던 삼국 시대는 짧게 막을 내리고 서진이 중국을 지배하지만 얼마 지나지 않아 대륙은 다시 혼란에 빠진다. 양쯔강 북쪽 지역에는 유목민들이 내려와 국가를 세웠고, 남쪽 지역에는 한족이 나라를 세워서 4세기 말부터 200여 년간 북쪽에는 5개 왕조가,

남쪽에는 4개 왕조가 생겼다 사라지는 분열기를 겪는다. 이때를 남북조 시대라고 부른다.

남북조 시대에는 '전첨'이란 정보기관이 있었다. 전첨의 관리는 황제가 신임하는 사람이었는데, 주로 왕실의 친척이나 권력을 가진 신하를 감시하는 역할을 했다. 또한 이 시기에는 다른 사람의 글을 흉내내서 가짜 편지나 문서를 만드는 일이 많았기 때문에 이를 관리했다.

중국, 봉건 왕조의 첩자

수·당 왕조의 첩자 조직

581년 수나라가 중국을 다시 통일했다. 하지만 40년도 채 지나지 않아 멸망하고, 당 왕조가 뒤를 이었다. 수나라에는 황제의 눈과 귀가 되어 정보를 수집하는 '어사대'가 있었다. 어사대는 관리들을 감시했으며, 황제를 호위하는 부대는 황제가 길을 떠날 때 앞서 정찰했다.

당나라에는 조정에 불만을 품은 사람을 찾아내고 잡아들이기 위한 기관이 많았으며 '찰자'라는 비밀 첩자 조직도 있었다. 또한 당나라에는 군대를 거느리고 지방을 다스리는 '절도사'가 있었는데 이들은 세력을 키워 반란을 일으키기도 했다. 절도사들은 수도에 '진주원'이라는 곳을 만들어 황제에게 지방의 사정을 보고한다는 명목으로 첩자를 수도로 보내 수도의 정세를 파악했다.

수나라의 정치인 배구는 서역과 무역을 담당하면서 오가는 상인을 통해 각 지역의 지리, 풍토, 특산물 등을 자세히 조사해서 총정리한 『서역도기』라는 책을 썼다. 수나라는 이 책의 내용을 바탕으로 서쪽으로 영토를 넓힐 수 있었다.

당나라는 고구려를 정탐하는 데 배구의 방식을 활용했다. 641년 당나라의 사신으로서 고구려를 방문한 진대덕은 관리들에게 뇌물로 비단을 주고 자신이 원하는 곳을 마음대로 돌아다녔다. 그는 각 고을의 도로와 지형을 파악하고 고구려군의 방어 태세를 살폈으며, 특히 군사적으로 중요한 곳에서는 여러 날 머물면서 그 지역을 그림으로 남겼다.

진대덕은 8개월 동안 곳곳을 돌아다니며 첩자 역할을 했고, 당나라에 돌아가서 「봉사고려기」라는 첩보를 남겼다. 당나라 태종은 매우 만족했고, 진대덕의 정보를 바탕으로 고구려 공격 계획을 세웠다.

송나라의 첩자 조직 황성사

당나라 이후 분열되었던 중국은 송나라에 의해 다시 통일되었다. 송나라에서는 '황성사'라는 전문 첩자 조직을 만들었고, 첩자의 지위도 높아졌다. 당시에도 『손자병법』은 군사에 관한 일곱 권의 주요 책, '무경칠서' 중에서도 가장 먼저 꼽혔고, 첩자에 관한 연구를 하는 학자도 많아져서 유명 학자들이 손자병법을 해석한 책을 썼다. 다른 사람의 말을 엿듣고, 중요한 내용이 담긴 편지를 몰래 보고, 암호를 사용해서 비밀을 지키는 기술도 발전했다.

송나라의 장군 종세형(985~1045)은 중국 북서부에 자리를 잡은 서하와 전투를 하고 있었다. 서하의 왕이 뛰어난 장군을 전쟁에 내보내자 종세형은 반간계를 썼다. 종세형은 믿을 만한 첩자를 서하로 보냈다. 서하에서는 이 첩자를 잡아서 그가 온 목적을 알아내려 했다. 그 첩자의 옷 속 깊숙한 곳에서는 새로 임명된 서하의 장군이 종세형과 반란을 계획하고 있다는 내용의 비밀 편지가 나왔다. 서하의 왕은 이를 철석 같이 믿고 자신의 부하 장군을 죽였다. 물론 이 편지의 내용은 거짓이었다.

이후 송나라는 여진족이 세운 금나라에 밀려 양쯔강 남쪽으로 밀려났다. 송나라의 장군 악비(1103~1142)는 금나라에 맞서 양쯔강 북부 지역을 되찾으려 했지만, 전쟁에 반대하는 세력에 의해 반역자라는 누명을 쓰고 처형되었다. 악비를 죽이는 데 앞장선 진회(1090~1155)는 금나라와 싸우지 말 것을 주장했고, 결국 금나라에 매년 막대한 은과 비단을 바치는 조건으로 전쟁을 멈춘다. 이후 진회는 금

항저우 악비의 묘에 있는 진회 부부의 상. 예전에는 사람들이 이 상에 침을 뱉었다고 한다.

나라의 지원을 받으며 막강한 권력을 누렸고, 황성사를 이용해 자신의 의견에 반대하는 사람을 찾아내 탄압했다. 사람들은 진회가 금나라의 간첩, '내간'이 아닌가 의심했다. 지금도 중국 사람들은 악비를 충신의 대명사로, 진회를 배신자의 상징으로 여긴다.

원나라의 첩자

초원을 통일한 몽골은 중국을 점령하고 원나라를 세웠다. 몽골 세력은 중앙아시아, 러시아를 지나 유럽까지 이르렀고, 원나라에는 아시아뿐 아니라 유럽의 수많은 나라에서 온 사신과 상인, 선교사들이 드나들었으며, 이들 중 첩자로서 정보를 수집한 사람도 꽤 있었을 것이다. 원나라는 고려, 일본, 베트남, 버마(오늘날 미얀마) 등을 공격하려고 많은 정보를 수집했으며, 반대로 여러 나라에서 들어오는 첩자를 막아내는 데도 힘을 썼다.

명나라의 정보기관, 금의위와 동창

중국 역사에서 가장 이름을 날린 첩자 조직은 명나라 때 만들어졌다. 농민 반란군의 우두머리로 시작해 명나라의 황제가 된 주원장(1328~1398)은 전문적인 첩보 기관 '금의위'를 만들어 일반 백성들까지 감시했다. 금의위는 사람들을 잡아 재판도 했는데, 죄 없는 사람을 잡아 고문하고 억지로 죄를 만들어 처벌하는 등 악명을 떨쳤다.

명나라는 1420년에는 환관을 중심으로 하는 비밀 첩보 조직 '동창'을 만들었다. 동창은 주로 황제에 반대하는 정치 세력을 감시하고 정보 입수를 했지만, 일반 백성의 민심을 살피고 때로는 민심을 원하는 쪽으로 이끌기도 했다. 명나라 중기 이후 환관의 세력이 점점 커지면서 동창은 고위 관리들도 무서워하는 곳이 되었다.

임진왜란에서 활약한 명나라의 첩자

명나라는 왜구의 습격에 시달렸기 때문에 해안지역 왜구의 동태를 살피고, 왜구가 보낸 첩자를 잡아내는 데도 힘을 기울였다. 특히 일본이 가도정명*이라는 명분을 내세워 임진왜란을 일으키자 명나라는 군대를 보내 조선을 도와 일본과 싸웠는데, 이때 일본의 정황을 살피기 위한 첩자가 활약했다.

명나라의 군인 사세용(?~?)은 1593년 비밀 명령을 받고 상인으로 가장해서 일본 규슈의 사쓰마로 갔다. 그는 일본의 침략 계획을 상세히 알아냈으며 전쟁의 주범인 도요토미 히데요시가 있던 나고야성에 몰래 들어가 그의 동정을 염탐하기도 했다. 사세용은 1년 넘게 첩보활동을 하면서 일본이 다시 침략(정유재란)하리라는 정보를 알아내 조선과 명나라가 이에 대비하도록 했다. 1598년에는 첩자가 아닌

* 길을 빌려 명나라를 정벌한다

외교관 신분으로 조선을 방문해 일본의 정보를 기록한 「왜정비람」을 올려 조선 조정의 신임을 받았다.

청나라의 현대화된 첩자 조직

여진족이 세운 청나라는 명나라의 비밀 첩보 기관이 민심에 부정적인 영향을 끼쳤다는 것을 알았기 때문에 겉으로 드러나는 정보조직을 만들지 않았다. 대신 믿을만한 신하에게 몰래 명령을 내려 지방에 내려가 황제의 눈과 귀 노릇을 하도록 했는데 이들을 '나찰*'이라고 했다. 나찰은 중요한 정보를 얻으면 '밀차'라는 비밀 편지로 황제에게 보고했다. 강희제(1654~1722)는 '밀절언사'라는 비밀 첩보 제도를 만들어 중앙과 지방 관리를 낱낱이 감시했으며, 옹정제(1678~1735)는 모든 관리가 직접 자기에게 편지를 쓰도록 해서 모든 정보를 한 손에 쥐었다.

19세기 중순부터 중국은 서구 열강과 일본의 침략을 받았다. 내부의 반란도 끊이지 않았는데, 특히 1850년부터 14년간 새로운 종교를 앞세워 태평천국을 건설하겠다는 대규모 반란이 계속되었다. 태평천국군은 한때 난징을 점령하고 새로운 제도를 도입하는 등 기세를 올렸지만 1870년경에는 모두 진압되었다. 청나라는 태평천국 운동에

* 돌아다니며 살핀다는 의미가 있다.

1864년 청나라군과 태평천국군의 천경공방전(1886)

대응하기 위해 정보의 수집과 분석을 전담하는 '정보채편소'라는 기관을 설치했다. 19세기 말에는 최초의 현대화된 정보기관인 군자처 제2청을 만들었는데, 여기서는 일본, 조선, 러시아, 영어 사용 국가, 독일어 사용 국가, 프랑스어 사용 국가 등 나라별로 전문 업무를 나누어 정보를 수집하고, 첩자를 막는 일을 했다.

국민당과 공산당의 첩보 전쟁

청나라는 1911년 쑨원(1866~1925)이 중심이 된 신해혁명으로 멸망하고 중화민국이 수립되었다. 하지만 여전히 개인 군대를 거느린 장군이 각 지방을 차지하고 서로 다투었다.

신해혁명의 주역인 중국 국민당은 개인 군대를 무찌르기 위해 국민혁명군, 일명 국부군을 만들어 세력을 넓혔다. 그 당시 중국에는 가난한 농민들의 지지를 받는 중국 공산당의 힘도 컸다. 중국 공산당은 1927년 공산당에 충성하는 인민해방군, 일명 홍군을 창설했다. 국민당과 공산당은 중국의 패권을 두고 치열하게 싸웠다.

동서고금 최고의 스파이, 슝상후이

슝상후이

국민혁명군에서 잘 싸우기로 손꼽히는 장군은 후쭝난(1896~1962)이었고, 후쭝난이 가장 신임하는 부하가 슝상후이(1919~2005)였다. 슝상후이는 명문대 출신의 똑똑한 젊은이로 18세에 후쭝난이 지휘하는 군대에 자원입대하여 뛰어난 실력을 발휘해 후쭝난의 믿음을 샀고, 이후 12년 동안 후쭝난의 오른팔로 그를 돕는다. 후쭝난은 슝상후이가 쓴 보고서가 아니면 거들떠보지도 않았다고 하며, 슝상후이는 후쭝난이 아플 때 며칠 밤을 새우면서 간호했다고도 한다.

하지만 놀랍게도 슝상후이는 사실 공산당의 비밀 당원으로, 첩보활동을 위해 의도적으로 후쭝난에게 접근한 것이었다. 그는 1947년에는 국민당의 지원으로 미국 유학까지 떠났는데, 1949년 중화인민공화국이 수립되자 미국에서 복귀했다. 그는 중화인민공화국에서 장관급 대우를 받으며 외교관으로 활동했다.

12년 동안 정체를 들키지 않고 고급 정보를 빼내고 무사히 돌아온 슝상후이를 사람들은 '동양과 서양을 통틀어 과거부터 지금까지 가장 뛰어난 스파이'라고 한다.

국민당에는 중앙당부 통계조사처(중통)과 민정부 군사위원회 조사통계국(군통)이, 공산당에는 중앙특과가 스파이 활동을 담당했다. 국민당과 공산당의 싸움은 공산당의 승리로 끝났다. 1949년 국민당은 타이완섬으로 도망갔고, 공산당은 중화인민공화국을 수립했다.

공산당은 첩보 전쟁에서 이겼기 때문에 승리할 수 있었다. 국민당 내부에서는 수많은 공산당의 첩자가 활동하였고 그들은 군사와 관련된 중요한 정보를 몰래 빼돌렸다. 이로 인해 국민혁명군은 군사력이 더 강했음에도 인민해방군에게 번번이 패했다. 국민당 내에서 활동하던 첩자는 국민당의 지도자 장제스(1887~1975) 옆에서 회의록을 작성하던 속기사에서부터 국민당 정보 기구인 중통에서 중요한 일을 담당하던 사람, 군대의 고위 장교까지 다양했다. 훗날 장제스는 "나는 군사에서 진 것이 아니라 정보에서 졌다"라고 한탄했다.

우리나라의 첩자

● 고조선과 삼국 시대

처음 기록에 등장한 우리나라 첩자

우리나라 최초의 국가인 고조선은 국경을 맞대고 있는 중국을 염탐하기 위해 활발히 첩자를 보냈을 것이라 추측되지만 당시의 기록은 남아있지 않다. 첩자에 관한 기록은 1145년 고려 시대에 김부식 등이 펴낸 『삼국사기』에 처음 등장한다.

기원전 9년, 고구려는 북동쪽에 자리 잡고 있던 유목민족 선비족을 무찌르려 했다. 당시 고구려의 장군 부분노(?~?)는 선비족이 사는 곳은 지형이 험해서 공격하기 힘들기 때문에 꾀를 써야겠다고 생각했다. 부분노는 첩자를 보내서 적을 파악하는 동시에, 고구려는 전력이 약해서 현재 선비족을 공격하기 어려운 상황이라는 거짓 정보를 퍼트린다. 부분노의 계략은 통했고 고구려는 방심하고 있다가 전쟁에 패배하여 항복한 선비족을 속국으로 삼을 수 있었다. 이처럼 전쟁에 첩자를 활용해 승리했다는 기록으로 미루어보면 고구려에는 잘 훈련된 첩자와 첩자를 운영할 능력이 있었을 것이다.

삼국 시대의 첩자 활동

고구려, 신라, 백제는 때로는 서로 다투고, 때로는 협력하면서 성장했다. 중국에 들어선 여러 왕조와 남쪽의 왜국(일본)과도 잘 지내기도 하고, 치열한 전쟁을 벌이기도 했다. 이런 복잡한 관계에서 고구려, 백제, 신라 삼국은 생존을 걸고 주변 여러 나라와 내부에 존재하는 반대 세력의 정보를 수집하는 치열한 첩자 활동을 벌였으며, 동시에 적의 첩자를 잡아내는 방첩 활동도 게을리 하지 않았다.

전문적인 첩자는 중요한 임무를 수행했으며, 이를 전담하는 국가기관도 있었다. 고구려에는 '중리부'라는 관청이 있어 국가의 기밀과 군사 관련 업무를 담당했는데, 연개소문(594~665)의 집안 사람이 대대로 이 기관에서 높은 지위를 맡았다. 백제는 남아 있는 기록이 없어 확인은 힘들지만 왕의 측근에서 왕의 명령을 전달하는 '전내부'에서 비밀 정보를 다루는 일을 했을 것이라 추측한다. 신라에는 '집사부'라는 기관에서 국가 기밀에 관한 일과 첩자를 관리했다.

• 고구려

사간, 유유

고구려는 중국 세력의 잦은 침략을 막아냈다. 246년 중국의 위魏나라가 고구려를 침략하는데 당시 고구려의 동천왕은 크게 패한 뒤 수도를 버리고 도망갔고, 고구려는 나라가 망할 위기에 빠졌다.

이때 고구려의 유유라는 신하가 나섰다. 유유는 위나라에 거짓으로 항복하고 음식을 마련해서 위나라 군대를 대접했다. 유유는 식사 도중 숨겨두었던 칼을 뽑아 위나라 장군을 죽였다. 동천왕은 장군을 잃고 혼란에 빠진 위나라 군대를 공격해서 무찔렀다. 유유는 위나라 군인들에게 목숨을 잃었는데, 임무를 위해 자기 목숨을 내놓는 '사간'의 역할을 한 것이다.

생간, 도림

고구려의 승려 도림은 적 사이에 몰래 들어가 적을 혼란하게 하고 다시 살아서 돌아오는 '생간'의 대표적인 모습을 보여준다. 도림은 바둑 실력이 뛰어났는데, 고구려에 죄를 지어 쫓겨난 것처럼 꾸미고 백제로 들어가 바둑을 좋아하는 개로왕(?~475)과 가까워졌다. 개로왕의 신임을 받은 도림은 왕에게 궁궐을 다시 짓고, 왕의 무덤을 고치는 등 각종 건설 공사를 하도록 꼬드겼다. 무리한 공사가 계속되자 백제의 창고는 텅 비고, 백성들의 원망이 커졌다. 도림은 이렇게 백제의 힘을 빼놓고 무사히 고구려로 돌아와 각종 유용한 정보를 알렸다. 마침내 장수왕(394~491)은 475년 백제를 공격해서 수도인 위례성을 함락하고 한강 유역을 빼앗았다. 개로왕은 사로잡혀 죽임을 당했고 백제는 수도를 웅진(지금의 충청남도 공주)으로 옮겼다. 도림은 적국에 침입해 정체를 들키지 않고, 적국을 곤경에 빠뜨리는 공작을 성공시키고 무사히 돌아온 첩자, 생간이었다.

첩자 역할을 한 장군

중국 수나라의 양제(569~618)가 612년에 100만 대군을 동원해 고구려를 침략했다. 그 중 30만 명이 고구려의 수도인 평양성을 공격했다. 고구려의 장군 을지문덕은 수나라 군대의 전력을 파악하고자 왕이 항복할 것이라고 거짓으로 꾸며 직접 수나라 군대를 찾아갔다. 이때 을지문덕은 수나라 군대가 먹을 것이 부족해 굶주림에 시달리고 있다는 사실을 알게 되었다. 그래서 을지문덕은 적에게 보급 물자가 가는 것을 막으면서 동시에 항복할 것처럼 시간을 끌었다. 결국 수나라 군대는 물자 부족과 배고픔을 견디지 못하고 돌아가려고 했다. 을지문덕은 돌아가기 위해 청천강을 건너는 수나라 군대를 공격해 큰 승리를 거두었다. 결국 30만 명에 달하는 수나라 병사 중 겨우 2천 7백여 명이 살아서 돌아갔다.

고구려 말기의 첩자

수나라의 뒤를 이은 당나라도 여러 번에 걸쳐 고구려를 침략했다. 고구려는 침략에 맞서 당나라로 많은 첩자를 보냈다. 특히 당시 고구려의 권력자였던 연개소문은 첩자 조직을 운영하는 실력이 뛰어났다. 중국의 역사책 『자치통감』에는 연개소문이 보낸 첩자 고죽리가 당나라에 붙잡혀서 당나라의 황제 이세민(599~649)이 직접 조사했다는 기록이 나온다.

연개소문이 죽은 뒤 그의 아들들은 서로 권력을 잡고자 다툰다. 큰아들 연남생(634~679)은 연개소문의 뒤를 이어 가장 높은 벼슬인 대막리지에 올랐지만, 결국 동생에게 쫓겨나 당나라로 도망가기에 이른다. 당나라는 이 틈을 타 고구려로 첩자를 보내 내부에서 싸움이 계속되도록 부추겼고, 혼란에 빠진 고구려는 결국 당나라와 신라의 군대에 패배하고 만다.

• 백제

고구려 군대의 약점을 알린 사기

369년 고구려의 고국원왕(?~371)이 2만여 명의 병사를 동원해 백제를 공격했다. 백제의 근초고왕(?~375)은 자신의 아들을 직접 전쟁터로 보내 적을 막게 했다. 백제와 고구려가 치열한 전쟁을 벌이고 있을 때, 사기라는 사람이 백제군을 찾아와서 고구려군의 약점을 알려주었다.

사기는 원래 왕의 말을 돌보던 백제의 사람이었는데 실수로 말굽을 상하게 해서 벌을 받을까 두려워 고구려로 도망갔었다고 한다. 그러나 다시 백제로 돌아와 "고구려 군대의 수가 많기는 하지만 붉은 깃발을 든 군대(적기병)만 강하니 이들을 먼저 물리치면 다른 군대는 금방 무너질 것"이라는 정보를 알렸다. 백제군은 이 말을 믿고 고구려군을 공격해서 크게 이겼다. 사기는 죄를 지어 도망간 것이 아니라 특수한 임무를 띠고 고구려에 잠입했다가 중요한 정보를 입수하고 돌아온 첩자였을 수도 있다.

신라 대야성을 함락하는 데 활약한 첩자

640년대 백제는 신라를 적극적으로 공격했다. 지금의 경상남도 합천 지역에 있던 대야성은 백제와 신라의 국경이 맞닿아 있는 중요 지점이었다. 당시 대야성의 성주는 훗날 신라의 무열왕이 되는 김춘추(602~661)의 사위 김품석(?~642)이었는데 평판이 좋지 않았다. 특히 부하 관리였던 검일의 아내를 빼앗은 일이 있어서, 검일은 김품석에게 원한을 품고 있었다. 백제는 이를 이용했다.

642년 대야성을 공격하던 백제의 장군 윤충은 신라 출신이지만 백제로 도망쳤던 모척을 몰래 성으로 들여보내 검일과 함께 식량 창고에 불을 지르게 했다. 성안이 혼란에 빠지자 김품석은 성문을 열고 백제에 항복했다. 하지만 성주 김품석과 그의 부인은 백제에 의해 목숨을 잃는다. 자신의 딸을 백제 때문에 잃은 김춘추는 백제에 큰 원한을 품게 되었다. 훗날 백제를 멸망시킨 김춘추는 딸의 죽음에 큰 책임이 있는 모척과 검일을 잡아 처형했다.

• 신라

왕자를 구출한 박제상

5세기 초 신라는 주변 국가에 비해 국력이 약했다. 신라의 내물왕(?~402)은 주변 나라와의 마찰을 피하기 위해 둘째 왕자 복호를 고구려로, 셋째 왕자인 미사흔을 왜국의 인질로 보내야 했다. 첫째 왕자인 눌지(?~458)는 왕이 된 후 타국에 볼모로 붙잡힌 동생들을 구하기 위해 박제상(363~419?)을 먼저 고구려에 사신으로 보냈다. 박제상은 당시 고구려의 장수왕을 설득해 418년 복호와 함께 무사히 돌아왔다.

하지만 박제상은 왜국의 경우 "말로 설득할 수 없으니 꾀를 써서 왕자를 돌아오게 해야 한다"라고 했다. 신라에서 죄를 지어 도망간 것처럼 꾸미고 왜국에 도착한 박제상은 신라의 정보를 넘겨주는 척

하면서 왜왕의 신임을 얻었다. 그는 그 후 몰래 미사흔을 탈출시키고 자신은 남아서 시간을 끌다가 왜국에 사로잡혔다. 박제상의 능력을 눈여겨 본 왜왕은 박제상에게 왜국의 신하가 될 것을 설득했지만 그는 끝내 거부하고 목숨을 잃었다. 박제상은 적국에 정체를 속이고 가서 임무를 달성했지만 무사히 돌아오지는 못한 '사간'이었다.

승려가 된 왕족

신라는 6세기 진흥왕(534 ~576) 때에 이르러 고구려의 한강 상류 지역과 백제의 한강 하류 지역을 점령하는 등 영토를 크게 넓히고 나라의 힘을 키웠다. 신라 왕족 출신인 거칠부(?~579)는 승려가 되어 고구려에 가서 첩자 활동을 벌였다. 그는 훗날 장군이 되어 직접 고구려를 공격해 열 개에 달하는 고을을 점령했다. 그리고 고구려에서 승려 생활을 했을 때 따르던 스승을 신라로 모셔 왔다.

김유신의 방첩과 반간계

신라의 유명한 장군 김유신(595~673)은 첩보활동에도 능숙했다. 고구려에서 신라에 보낸 백석이라는 첩자가 있었다. 화랑 무리에 들어간 백석은 오랫동안 기회를 보다가 김유신에게 접근했다. 백석은 훗날 고구려와 백제를 정복하기 위해서는 먼저 그 나라를 정탐할 필요가 있다고 김유신을 꼬드겨 함께 길을 떠났다.

『삼국유사』에 따르면 길을 가다가 잠시 쉬던 김유신 앞에 여인의 모습을 한 신령이 나타나 백석이 고구려의 첩자라는 것을 알려주었다. 이에 김유신은 화를 면하고 백석을 죽였다. 아마 백석의 정체를 눈치 챈 누군가가 몰래 이를 김유신에게 알렸을 것이다. 이 이야기는 신라에 첩자를 감시하는 '방첩' 활동이 있었다는 것을 의미한다.

적의 첩자에게 일부러 잘못된 정보를 전하는 것은 '반간'이라고 하는데, 김유신은 이 계략을 잘 활용했다. 649년 백제가 신라를 공격해 7개의 성을 함락시키자 김유신은 급히 구원군을 이끌고 백제와 맞섰다. 치열한 싸움이 계속되던 어느 날 물새 한 마리가 날아와 김유신의 숙소를 지나갔다. 이를 본 병사들은 불길한 징조라고 생각하였고 사기가 떨어졌다. 그러자 김유신은 병사들에게 "오늘 반드시 백제의 첩자가 올 텐데 모른 척 하라"고 명령한 후 자기를 돕기 위해 더 많은 병사가 올 것이라는 소문을 퍼트렸다. 김유신이 이야기한 대로 백제군은 첩자를 보냈고, 이 첩자는 신라에 구원군이 더 올 것이라는 소문을 듣고 돌아갔다.

『조선명현초상화사진첩』에 실린 김유신의 초상화(1926)

백제군은 신라군이 더 늘어나면 싸움이 불리해질 것으로 생각하고 당황하고 불안해했다. 그러다 신라군이 갑자기 총공격에 나서자 구원병이 도착한 것으로 생각해서 도망가기 시작했고, 이를 뒤쫓은 신라군은 큰 승리를 거두었다. '물새가 날아갔다'는 기록은 백제군에 들어가 있던 신라의 첩자가 김유신에게 정보를 알린 것을 표현한 것이라고 볼 수 있다. 이처럼 김유신은 거짓 소문을 퍼트려 백제 첩자가 잘못된 정보를 얻도록 하는 반간의 계략을 썼다.

통일 신라의 첩자 활동

신라는 당나라와 연합하여 백제와 고구려를 공격하여 멸망시켰다. 그러나 당나라는 이후 한반도를 완전히 지배하려 했다. 당시 당나라에서 공부하던 승려 의상(625~702)이 당나라 군대가 신라를 공격할 것이라는 정보를 전했다고 한다.

당나라의 침략을 막아낸 이후 신라는 바다를 통해 당나라와 활발하게 교역하였으며, 당나라 안에 신라 사람들이 모여 사는 마을인 신라방을 만들었다. 이 마을은 당나라의 정보를 모으는 기지 역할을 했다. 당나라에 유학을 간 신라의 학생, 승려, 또는 당나라에서 과거를 보고 관리가 된 사람들도 자기가 보고

범어사 의상대사 영정

들은 중요한 소식을 신라에 전해서 신라가 당나라를 견제할 수 있게 도왔다.

● 고려

고려의 첩보활동과 첩보 조직

고려 시대에는 삼국 시대에 비해 첩자 활동이 많이 줄었다. 고려는 주요 경계 대상인 중국의 여러 왕조에 관한 첩보를 수집했다. 주로 중국을 오가는 사신, 유학생, 승려, 상인들이 정보를 가져왔으며 국경 지역에서는 정찰 부대가 정보를 모았다. 또한 중국에 사는 고려인, 중국 관리가 된 고려인, 중국으로부터 도망쳐 나온 망명자들도 첩보를 전했다. 또한 고려는 중국으로부터 책을 사들여서 분석했는데, 중국 내부에서 고려에 책을 팔지 말아야 한다는 주장이 나올 정도였다. 군사와 관련된 비밀 정보는 '중추원'이라는 기관의 '추밀'이라는 관리가 다루었으며, 추밀과 다른 부서의 고위 관리들이 모인 '도병마사'에서 중요한 결정을 내렸다.

외국 유학생과 외국 관리의 활약

고려는 중국에 유학생을 보내 공부하게 했고, 뛰어난 학생은 중국의 과거 시험을 보고 관리가 되기도 했다. 중국의 관리가 된 사람은 고려와 관련된 급한 사정이 생기면 이를 알렸고, 벼슬을 받지 못한 유학생도 중국에 오래 머물며 중국과 주변 나라의 사정을 고려에 전했다.

유명한 학자 집안에서 태어난 최광윤(?~?)은 중국의 과거 시험을 보기 위해 국경을 넘어가다가 그만 거란에 사로잡혔다. 거란은 최광윤의 학식과 재주가 뛰어나다는 것을 알고 그에게 벼슬을 주었다. 거란의 관리로 일하던 최광윤은 어느 날 거란과 고려의 국경이 맞닿아 있는 지역을 방문했다가 거란이 고려를 침략할 계획을 세우고 있다는 정보를 입수하고 이를 고려에 몰래 알렸다. 이 소식을 들은 고려는 새롭게 군인을 뽑아 침략에 대비했다.

사신으로부터 정보를 빼내다

고려는 외국 사신에게서 중요한 첩보를 빼내기도 했다. 거란족이 세운 중국 북쪽의 요나라는 매년 고려왕의 생일에 사신을 보내 축하했다. 1092년 고려 선종(1049~1092)의 생일을 맞아 요나라는 왕정이라는 사람을 사신으로 보냈다. 고려에서는 서경부유수* 최사추(1036~1115)가 사신을 맞이하고 대접했다.

* 당시 평양의 부시장 격

최사추는 왕정이 밤마다 무엇인가를 열심히 쓴다는 것을 알아냈다. 그 내용이 궁금했던 최사추는 술자리를 벌여 왕정을 잡아두고는 그가 쓰고 있던 문서를 몰래 빼내어 베꼈다. 왕정은 요나라 왕에게 올리는 상소문을 쓰고 있었는데 여기에는 요나라의 군대 상황, 송나라가 계획하고 있는 전쟁에 관한 내용 따위가 담겨 있었다. 최사추는 알아낸 사실을 왕에게 알렸고, 선종은 사신이 돌아간 후 최사추에게 큰 상과 벼슬을 주었다.

산업 정보를 얻어라

귀중한 산업 정보는 나라의 운명을 바꿀 만큼 중요했다. 1363년 원나라 연경에 사신으로 간 문익점(1329~1398)은 목화씨를 들여와 장인 정천익에게 부탁해서 키웠는데 3년 만에 씨앗의 수를 크게 늘리는 데 성공했다. 또한 정천익은 중국 승려에게 실을 뽑는 방법과 천을 짜는 방법을 배워 주위 사람들에게 가르쳤다. 목화솜에서 뽑은 실로 짠 천이 '무명'인데, 값이 싸고 따뜻해서 큰 인기를 얻었다.

나라에서도 비싼 비단 대신 무명천을 사용하기를 권했다. 농가는 목화를 기르고 무명을 짜서 더 큰 수입을 얻었고, 나라에서는 비단의 수입을 줄여 국고를 절약했다. 또한 무명천, 면포는 중요한 수출품이 되어 일본에 면포를 수출하고 대가로 은을 받아 나라 살림에 큰 보탬이 되었다.

최신 기술 정보, 화약 제조법

최무선

고려 말 최무선(1325~1395)은 왜구를 무찌르려면 화약 무기가 꼭 필요하다고 생각해서 스스로 재료를 구해 화약을 만들려고 했다. 화약을 만들려면 유황, 숯, 염초가 필요했다. 그중 유황과 숯은 구할 수 있었지만 중요한 염초는 구하기가 어려웠다. 최무선은 당시 외국 상인들이 드나들던 벽란도*를 찾아가 중국 상인들에게 염초 제조법을 물었다. 하지만 중국이 국가 기밀인 화약 제조법이 외부로 새 나가지 못하게 엄히 막고 있었기 때문에 알아내기 힘들었다. 그러나 결국 최무선은 중국 강남에서 온 상인을 만나 자기 집에 데려다가 후하게 대접하면서 염초 만드는 법을 배웠다.

염초를 만든 최무선은 이어서 유황과 숯과 염초를 어떤 비율로 섞어야 제대로 된 화약이 나오는지 알아내기 위한 실험을 했다. 수없이 실패를 거듭했지만 결국에는 화약 제조법을 알아냈고, 나라에서는 1377년 '화통도감'이라는 화약 무기 개발을 담당하는 관청을 만들어 화포와 불화살 등 신무기를 만들었다. 이 신무기를 이용한 고려 수

* 예성강 하구에 있는 고려 시대의 무역 항구

조선시대에 사용한 장거리 화포 현자총통. 최무선이 발명한 화포를 토대로 발전하였다.

군은 멀리서 적의 배를 공격하는 능력을 갖추었다. 1380년 금강 하구에 왜구가 침입하자 최무선은 부사령관으로서 직접 전투에 참여했고, 화약 무기를 갖춘 고려군은 왜구의 배 500여 척을 모두 불살라 버리는 큰 승리를 거두었다.

이후 고려 수군은 거듭 왜구를 격파했고 1389년에는 대마도를 공격해 포로로 잡혀 있던 고려인을 구출하기도 했다. 최무선의 아들 최해산은 화약 제조법을 이어받아 왕조가 바뀐 조선에서 새로운 화약 무기를 개발했다.

• 조선

조선의 정보기관

조선은 겉으로는 중국을 섬기는 태도를 보였지만, 속으로는 중국이 적국으로 변할 것을 대비해 정보 수집을 게을리 하지 않았다. 또한 북쪽 국경 지역의 여진족과 일본의 동향을 살폈다.

정보 수집과 분석은 여러 기관에서 담당했다. 우선 왕의 비서실 역할을 하던 '승정원'은 왕 옆에서 각종 비밀 정보를 전달했으며 외국에 사신을 보내고, 외국 사신을 맞이하는 '예조'도 정보 수집에 중요한 역할을 했다. '병조'는 국경 지대 정찰 부대를 통해 첩보를 모았다. 여진족과 왜구의 침입에 대응하기 위해 만든 '비변사'에서는 고위 관리들이 모여 국방과 외교 등 중요한 국가의 기밀을 논의했으며, 비변사의 '비밀차지낭청'이라는 관리가 기밀 정보를 담당했다.

정보를 수집하는 다양한 방법

조선도 외국에 보낸 사신으로부터 정보를 얻었다. 명나라나 청나라에 간 사신은 중국 황제의 동향, 군사 활동, 대외 정책 등과 관련된 정보를 수집했다. 일본으로 보낸 사신인 '통신사'도 일본의 정보를 모아 알렸다. 북쪽 지방 여진족의 동향을 살피기 위해서 특별히 관리를 보내기도 했다.

공식적인 외교 사절이나 관리가 아닌 첩자를 활용해 정보를 수집하기도 했는데, 특히 여진족을 첩자로 이용했다. 이들은 관직이나 재물을 받는 대가로 여진족의 정보를 조선에 알리고, 조선에서 원하는 정보를 여진에 전하는 반간의 역할도 했다. 전쟁 포로에게서도 정보를 캐냈다. 조선은 중국인을 제외하고 다른 나라의 사람이 조선 사람이 되는 것을 환영했는데, 조선 사람이 된 귀화인들은 자신이 살던 곳에 관한 정보를 제공해야 했다. 여진족이나 일본에 잡혀갔다 돌아온 조선 백성들을 통해서도 여러 정보를 얻고는 했다.

군대에서는 보통 적과 싸우기 전에 미리 '척후병'을 보내 지형을 살피고, 적군의 사정을 알아보았다. 그뿐만 아니라 아예 적진에 몰래 들어가 첩보를 얻는 '체탐' 활동도 했는데, 무엇을 목표로 어떻게 적진에 들어가서 무슨 정보를 얻었는지에 관한 기록이 많이 남아있다. 체탐 도중에 적과 마주쳐서 싸움이 벌어지기도 했으며, 체탐에 나선 사람이 실종되거나 죽는 일도 있었다.

첩자 노릇을 한 내시와 역관

중국은 우리나라에 고려 말부터 환관으로 일할 사람을 보낼 것을 요청했으며, 우리나라는 조선 초 성종(1457~1495) 때까지 15회에 걸쳐 200여 명을 명나라에 보냈다. 환관은 황실이나 고위 관료의 시중을 들었기 때문에 비밀스러운 정보를 엿듣기에 좋았다. 고려와 조선 모두 우리나라 출신 환관들에게서 비밀 정보를 받아보았다.

1394년 조선에서 환관 5명을 보냈는데, 그중 한 사람의 상투와 옷깃 안쪽에서 비밀문서가 발견된 일이 있었다. 그 환관은 비밀문서가 발각되자 우물에 뛰어들어 스스로 목숨을 끊었다. 이 일이 있은 후 명나라는 조선 출신 환관을 모두 돌려보냈다.

종이를 꼬아 말아서 다시 버들가지 껍질로 감싸 상투 속에 비밀문서를 숨긴 것과 발각되자 바로 자살한 것을 보면 이 환관은 전문적인 첩자 훈련을 받았을 것이다. 그러나 명나라는 1400년 이후 다시 조선에 환관을 보내라 요청했고, 환관의 첩자 활동도 계속되었으리라 짐작한다.

전문적으로 외국어를 배워서 외국 사신이 방문했을 때나 우리나라 사신이 외국을 방문할 때 통역을 담당한 '역관'도 첩자로 활약했다. 조선 시대에 사신을 따라가는 역관의 책임자인 '수역'은 상대국의 정세를 자세히 탐지하라는 명령을 받았다. 역관은 우리나라 관리가 외국인에게 정보를 팔아 넘기는지 또는 외국 첩자가 접근해서 정보를 빼내가는지 감시하는 방첩 임무도 수행했다.

임진왜란 때 많은 역관이 중국과 일본 진영에서 중요한 군사 정보를 알아냈으며, 최신식 화약 무기 제조 방법과 같은 기술을 중국인 기술자에게서 비밀리에 빼내기도 했다. 역관들의 활약은 조선 말기까지 이어져 청나라로부터 중요한 비밀을 입수해서 조정에 전했다.

기술 정보를 획득하라

조선의 뛰어난 발명가 장영실(1390?~1450?)은 1421년 세종(1397~1450)의 명을 받고 사신단과 함께 중국으로 건너갔다. 장영실의 목적은 중국의 물시계와 천체 관측 기구인 혼천의를 은밀히 살펴보고 설계도를 그려 오는 것이었다. 당시 조선은 중국의 달력을 사용했는데, 우리나라와 중국은 위치가 달라서 중국 달력을 기준으로

비밀문서의 보관 및 전달 방법

조선 시대 첩자들은 초를 먹인 종이에 중요한 정보를 기록한 다음 종이를 가늘게 오려 노끈처럼 꼬아서 숨겼다. 초를 먹인 종이는 습기에 강하고 글씨가 잘 지워지지 않았으며, 가는 끈으로 만들면 여기저기 숨기기 쉬워 비밀스러운 보고를 할 때 주로 이용했다. 첩자들은 비변사에서 이런 연락 방법을 철저하게 교육받았다.

날짜를 세면 일식과 같은 천문 현상을 정확히 측정할 수 없었다. 그래서 세종은 우리만의 달력을 만들기 위해 장영실에게 은밀히 중국의 천문학과 천체 측정 기구를 만드는 기술을 알아 오도록 명을 내린 것이다.

장영실은 약 1년간 중국에 머물렀고, 조선으로 돌아가서도 계속 연구를 거듭했다. 그는 정보를 수집하고, 외국 서적을 구해서 읽고, 1430년에는 다시 한 번 중국에 사신으로 다녀오기도 한다. 이런 노력의 결과로 장영실은 1433년에 천체의 운행과 위치를 측정하는 '혼천의'를 만들었고, 1434년에는 물의 힘을 이용해 일정한 시간마다 종이 울리는 자동

혼천의 (국립중앙박물관)

자격루(왼쪽)와 앙부일구(오른쪽) (국립 고궁 박물관)

물시계 '자격루'와 해시계 '앙부일구'를 만들었다. 장영실은 이 외에도 다양한 발명품을 만들어 조선의 과학 기술 발전에 이바지했다.

정보 유출을 막는 방첩 활동

조선은 정보가 밖으로 새지 않도록 하고 적국의 첩자를 막는 보안, 방첩 활동에도 힘을 기울였다. 특히 화약에 관한 정보가 일본으로 넘어가는 것을 막기 위해 해안지역에서는 염초를 만들지 못하게 했다. 무기를 만드는 '군기시'에서 화약 무기 개발을 담당했던 사람은 일을 그만둔 후에도 어디에서 지내는지 항상 확인받아야 했고, 먼 곳으로 여행을 가는 것도 허락되지 않았다. 화약 무기와 관련된 책은 허가를 받은 사람 외에는 볼 수 없었다.

외국인이 조선을 방문하는 경우 허가 없이는 함부로 내륙에 들어

올 수 없었고, 15일 이상 머무르지도 못했다. 비밀문서가 없어지면 잃어버린 당사자는 물론 국가의 기밀을 관리하는 기구인 비변사와 그 위의 고위 관리들까지 모두 처벌받았다.

반간계에 당한 조선

임진왜란 때 조선은 일본의 첩자 요시라의 반간계에 걸려 큰 손해를 입었다. 요시라는 대마도 출신 일본인으로 일본군의 군사 정보를 제공하고 조선으로부터 관직을 받았다. 조선은 요시라가 조선에 정보를 전하는 첩자라고 믿었지만, 사실 요시라는 일본을 위한 거짓 정보를 흘리는 반간 계략을 쓰는 일본의 첩자였다.

일본은 조선 수군을 부산으로 유인해 싸울 계획을 세웠다. 요시라는 일본 장군 가토 기요마사가 부산으로 150척의 군함을 이끌고 상륙한다는 거짓 정보를 조선에 전했다. 조정은 이 정보를 믿고 이순신(1545~1598)에게 가토 기요마사의 함대를 공격하라는 명령을 내렸다. 하지만 이순신은 이 정보가 거짓이라 판단하고 명령을 따르지 않았다. 출전을 거부한 이순신에게 선조는 크게 화를 내고 "적과 내통해서 공격하지 않았다"는 죄를 씌워 그를 옥에 가두었다.

반간계로 이순신을 감옥에 가두는 데 성공한 일본은 계속 요시라를 통해 가토의 함대가 바다를 건너 부산으로 올 예정이니 길목을 지키고 있다가 공격하라고 부추겼다. 이순신의 뒤를 이어 수군 총사령관이 된 원균(1540~1597)은 결국 부산으로 출진했지만 일본의 유인 작전에 걸려 크게 패하고 조선 수군은 거의 전멸하다시피 했다. 첩보전에서 적의 계략에 넘어가면 얼마나 큰 피해를 보는지 잘 알 수 있는 사건이다.

첩자를 다시 첩자로 활용하다

임진왜란 이후 명나라는 급속히 세력이 약해지고 여진족이 세운 청나라가 강자로 떠올랐다. 힘을 키운 청나라는 조선을 두 번이나 침공했다. 1637년 결국 항복한 인조는 왕자와 신하를 청나라에 인질로 보내고, 수많은 백성이 청나라로 끌려가는 비극을 당했다.

비록 명나라의 세력이 약해졌지만 조선은 명나라와 계속 관계를 유지하려 했다. 조선인 승려 독보는 명나라의 첩자로서 조선을 염탐하다가 군사에게 잡혔다. 조선은 독보를 다시 첩자로 활용해서 명나라에 조선의 뜻을 전하게 했다. 독보는 4년간 은밀히 청나라의 눈을 피해 명나라와 조선을 오가며 전달자 역할을 했다. 하지만 명나라는 결국 청나라에 의해 멸망했고, 독보는 북경으로 잡혀가 옥살이를 했다.

청나라의 화약 기술을 도입하기 위한 노력

청나라에 인질로 끌려갔었던 왕자, 봉림대군이 인조의 뒤를 이어 왕위에 올랐다(효종, 1619~1659). 효종은 청나라를 쳐서 원한을 푸는 것(북벌)을 나라의 목표로 삼았다. 하지만 청나라와 싸워 이기기 위해서는 더욱 발전한 화약 제조법을 알아내야 했다. 효종은 모든 역관을 동원해서 염초 제조법을 알아내려 했고, 몰래 청으로부터 염초를 밀수하기도 했다.

숙종(1661~1720) 때 역관 김지남(1654~?)은 통역을 하기 위해 1692년 사신을 따라 청나라를 방문했는데, 화약 제조에 능통한 기술자가 있다는 소문을 듣고 몰래 빠져나가 최신 염초 제조 기술을 배웠다. 비록 기술을 제대로 다 배우기 전에 기술자가 죽었지만, 김지남은 그다음 해 다시 중국에 가서 다른 기술자를 찾아 결국 염초 제작 기술을 배웠다. 그는 1698년부터 우리나라에서 화약을 만들기 시작했고 그 기술을 『신전자초방』이라는 책으로 남겼다. 또한 역관 장현(1613~?)은 청나라로부터 지도를 몰래 들여오고 화포까지 들여왔다. 하지만 1691년 이 사실이 청나라에게 들통나서 숙종은 어쩔 수 없이 장현을 처벌했다. 조선에서는 장현을 명역관*이라고 기록했다.

나라를 살피다

조선 조정은 외국의 사정을 살피는 것뿐 아니라 국내 불만 세력의 움직임이나 백성들의 민심을 알아보는 데에도 신경을 썼다. 대표적

* 널리 이름을 떨친 역관

인 제도로 '암행어사'가 있었다. 왕은 젊고 의욕 넘치는 관리를 암행어사로 임명해서 지방의 관리가 잘못을 저지르지는 않는지 비밀리에 감시하고 백성의 민심과 생활상을 알아보게 했다. 암행어사는 왕을 대신해서 잘못을 저지르는 관리를 쫓아내고, 억울한 죄인을 풀어주고, 백성의 요청을 들어줄 수 있는 권한이 있었다. 그리고 그 결과를 왕에게 직접 보고했다. 암행어사를 어디로 보낼지는 왕이 직접 정했으며, 만약 암행어사가 가는 곳을 다른 사람에게 알리는 사람이 있으면 엄하게 처벌했다. 암행어사는 보통 가난한 선비 차림으로 돌아다니며 주막이나 민가에서 먹고 자면서 정보를 수집했고, 잘못을 저지르고 있는 지방 관리가 있다면 신분을 밝히고 업무상의 잘잘못을 따져 처벌했다.

상인을 통한 정보 수집

시장을 돌아다니며 물건을 파는 상인에는 귀한 물건을 보자기에 싸서 등에 걸머지고 다니는 봇짐장수 '보상'과 싼 물건을 지게에 지고 장터를 찾아다니는 등짐장수 '부상'이 있었고, 이를 합쳐 '보부상'이라 불렀다. 시장에는 온갖 사람들이 모여 이야기를 나누었기 때문에 보부상들은 나라 방방곡곡의 사정을 가장 잘 알았다. 조정에서는 보부상을 통해 민간의 정보를 수집하고, 불만을 가진 세력, 강도나 도적에 관한 정보를 얻었다. 또한 전쟁이 벌어지면 보부상은 적의 정보를 수집하고 식량을 운반하는 역할을 했으며 19세기 이후에는 군인처럼 외적과 싸우거나 내부 반란을 진압하기도 했다. 특히 동학 농민 운동 때는 동학군과 싸우는 일에 동원되었다.

일본 제국주의 침략기의 첩보활동

일본의 침략 가능성을 알아채지 못한 조선

일본은 1876년 군함을 앞세워 조선을 압박해서 강제로 강화도 조약을 맺었다. 외국의 것은 받아들이지 않는 쇄국 정책을 펴고 있던 조선은 이 조약으로 인해 부산, 원산, 인천의 세 항구를 열었다. 그 후 조선은 1880년 김홍집(1842~1896)을 일본에 보내 그들의 속셈을 알아보도록 했다.

김홍집

김홍집은 일본이 러시아를 대비하기 위해 조선과 좋은 관계를 맺으려 한다고 보고했다. 또한 현재 일본은 조선을 침략할 만큼 나라에 돈이 없고, 설사 침략한다고 하더라도 임진왜란처럼 우리가 청나라와 연합하면 쉽게 무찌를 수 있다고 알렸다. 또한 신문물을 견학한 김홍집은 새로운 사상과 문물, 제도를 받아들이기 위해 항구를 여는 것이 좋다고 주장했다. 이에 조선의 고종(1852~1919)과 신하들은 일본에 대한 의심을 풀고 친하게 지내는 길을 택했다.

그러나 일본은 김홍집이 전한 것과는 달리 조선 침략을 계획하고 있었고, 김홍집이 전한 정보는 조선의 국가 안보 정책에 치명적인 영향을 미쳤다. 일본은 결국 우리나라를 강제로 식민지로 삼았다.

대한제국의 정보기관

1897년 조선은 나라 이름을 대한제국으로 바꾸었고, 고종은 황제가 되었다. 대한제국에서는 황궁을 경비하고 황제의 권위에 도전하는 내부 세력을 감시할 목적으로 '경위원'을 만들었다. 경위원은 황궁을 경비하고 황제를 호위하는 등 기본적인 경찰 업무 뿐 아니라 각종 첩보를 수집하고, 반대 세력을 감시하고, 반란 음모를 찾아내 막는 역할도 했다. 경위원에는 사복을 입고 정보 수집 업무만 하는 '별순검'이라는 특수한 경찰이 있었다. 고종은 경위원을 이용해서 반정부 세력을 잡아내서 정권의 안정을 꾀했다. 하지만 경위원은 점차 권한을 함부로 행사해서 많은 비난을 받았고 결국 1905년 폐지되었다.

조선 출신 일본 간첩

배정자 (1917년 매일일보)

배정자(1870~1952)는 조정에 반대하던 아버지가 처형당한 후 노비가 되어 기생으로 팔려갔다가 탈출하고 여승이 되었다. 1885년에 일본으로 건너간 배정자는 당시 일본에 망명한 조선 출신 정치가들의 소개로 이토 히로부미(1841~1909)의 수양딸이 되었다. 배정자는 이름을 다야마 사다코로 바꾸고 첩자 교육을 받았다.

1894년 배정자는 일본어 통역관이라는 신분으로 위장해서 고종의 신임을 받으며 고급 정보를 일본에 몰래 전달했다. 1909년 안중근(1879~1910)이 이토 히로부미를 사살한 후에도 그녀는 일본군의 첩자로 활동하면서 독립투사들을 찾아냈다. 1920년 5월 8일자 독립신문에는 '배정자가 하얼빈에서 다수의 동포를 일본에 넘기고, 만주 봉천에서는 우리 동포의 사정을 일본에 고해바치는 등 죄를 지었다'며 배정자를 죽여야 한다는 기사가 실리기도 했다.

배정자는 1927년까지 첩보활동을 계속했고, 은퇴 후에도 조선 총독부로부터 토지와 봉급을 받으며 풍족하게 살았다. 우리나라가 일본 제국주의로부터 독립한 후 '반민족행위자 처벌법'에 의해 여성 친일파 1호로 체포되어 법정에 섰으나 조사가 제대로 이루어지지 않았고 고령이라는 이유로 처벌받지는 않았다.

대한제국의 밀사, 헤이그 특사

1905년 일본은 을사늑약을 통해 대한제국의 외교권을 빼앗아버리고, 정치와 군사 업무를 보는 관청인 통감부를 설치해서 대한제국의 권리를 침탈해갔다. 고종은 을사늑약이 불평등조약임을 알리고 대한제국의 독립을 유지하기 위한 호소를 하고자 1907년 네덜란드 헤이그에서 열리는 국제 평화 회담, 만국평화회의에 몰래 사람을 보냈다.

하지만 만국평화회의에 대한제국을 초청했던 러시아가 갑자기 뜻을 바꿔 초청을 취소하고 일본에 이 사실을 알렸으며, 회의장에 들어가려는 대한제국의 사절단을 막았다. 일본은 이후 고종에게 압력을 가해 황제 자리에서 물러나도록 했고, 결국 1910년 대한제국을 식민지로 삼았다.

헤이그 특사 (왼쪽부터) 이준, 이상설, 이위종

대한제국이 망하고 일제의 식민지 지배가 시작되자 나라를 되찾으려는 의병과 독립군이 일어났고, 이는 임시정부의 광복군 활동으로 이어졌다.

20세기 이후,
세계 대전과 스파이

통신 기술의 발전, 암호 해독과 컴퓨터

20세기에 접어들면서 통신 기술이 크게 발전했으며 무선 통신 기술도 널리 퍼졌다. 정보를 수집하는 데 상대편의 통신을 중간에 몰래 가로채는 기술과 암호 해독이 중요한 역할을 하게 되었고, 이 일을 하는 전문가들이 등장했다. 새로 발명되는 온갖 기계 장치들이 스파이 활동에 적극적으로 활용되었기 때문에 스파이는 새로운 장치들을 잘 다룰 수 있어야 했다.

1939년 제2차 세계 대전 당시 영국은 독일의 암호를 풀기 위해 엄청난 노력을 기울였다. 독일군은 '에니그마'라는 기계로 암호화한 메시지를 주고받았다. 영국은 이 암호를 풀기 위해 런던 외곽의 브레츨리 파크에 군인, 수학자 등 여러 전문가를 모았다. 이들은 암호를 푸

에니그마 1호 (이탈리아 국립과학기술박물관)

암호를 해독하는 영국의 콜로서스 컴퓨터 (1943)

는 기계를 만들기 시작했고, 1943년에는 '콜로서스'라는 암호 해독 컴퓨터를 만들었다. 영국은 콜로서스를 이용해서 독일의 암호를 풀었으며, 전쟁이 끝날 때까지 귀중한 군사 정보를 입수했다. 콜로서스의 존재는 비밀로 유지되다가 1970년이 되어서야 세상에 알려졌다.

미국 정보기관의 발전

1941년 일본은 하와이에 있는 미국 군함을 몰래 공격했다. 제2차 세계 대전 당시 미국에는 제대로 된 정보기관이 없었다. 일본이 기습 공격을 할지 모른다는 정보가 있었지만, 미국은 이를 가벼이 넘겨 미처 대비하지 못하고 큰 손해를 입었다. 이 사건을 계기로 미국은 영국 정보기관을 본보기로 삼아 '전략사무국OSS'을 새로 만들고 정보 수집 부서와 정보 분석 부서를 두었다. 특히 정보 분석 부서에는 지리학, 사회학, 역

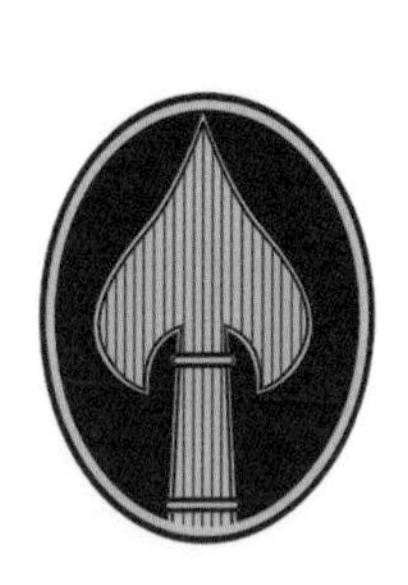
OSS 엠블럼

사학, 경제학, 정치학, 심리학, 인류학을 공부한 최고 전문가가 모여서 여러 나라의 정치, 경제, 사회, 문화에 대한 모든 정보를 모아 분석했다. 이들은 어느 지역을 공격해야 가장 큰 피해를 줄 수 있을지를 계산했고, 군대는 분석 결과에 따라 공격할 곳을 결정했다. 또한 정보 분석 부서는 얻은 정보를 모든 구성원이 공유했기 때문에 보다 정확한 분석을 할 수 있었다. OSS는 1947년 '미국 중앙정보국CIA'로 발전했다.

CIA 엠블럼

냉전 시대의 스파이 전쟁

제2차 세계 대전이 끝난 후 세계는 미국을 중심으로 하는 자본주의 진영과 소련을 중심으로 하는 사회주의 진영으로 나뉘어 대립했다. 이 냉전 시대에는 수많은 스파이가 치열한 첩보전을 펼쳤다. 나라마다 앞다투어 전문 정보기관을 만들었고, 상대 국가에 정찰기를 보내서 몰래 사진을 촬영하고 인공위성으로 감시했다. 외교관을 이중 스파이로 활용하거나 헛소문을 퍼트리고 파업과 시위를 유도했으며 반란을 부추기고 군대를 동원해서 정부를 전복시키기도 했다. 냉전 시대를 배경으로 한 스파이 영화와 소설, 텔레비전 드라마도 많이 만들어졌으며 사람들에게 큰 인기를 끌었다.

오늘날과
미래의 스파이

현대에는 국가 간의 전쟁 외에도 종교적, 정치적 목적으로 이루어지는 테러 활동, 기업간의 산업 정보 경쟁 등에서 스파이가 활동한다. 각국에서는 국가 안보를 위해 정보 기관을 설치해서 정보 요원을 선발한다.

오늘날의 스파이

스파이의 새로운 도전

1990년대 이후 냉전 시대가 지나고 종교적, 정치적 목적을 가진 사람들이 일반인을 공격하거나 인질로 삼는 테러 활동이 크게 번졌다. 이러한 테러 집단의 정보를 빠르게 알아내는 것이 스파이의 가장 중요한 업무가 되었으며, 나라마다 테러에 대비하기 위한 특수 부대를 본격적으로 키우기 시작했다.

시간이 흐르면서 스파이가 하는 일은 점점 복잡해졌다. 단지 첩보를 수집하는 것을 넘어, 첩보를 분석해서 얼마나 믿을만하고 가치가 있는지 판단해서 쓸 만한 정보로 만드는 정보 분석을 한다. 또 적 내부에 소문을 퍼트리고, 반란을 일으키거나 배신하도록 부추기고, 적의 시설을 파괴하는 비밀공작도 한다. 적의 스파이를 잡아내고 자기 편의 비밀을 보호하는 방첩 활동도 스파이의 중요한 일이다. 최근에는 최신 기술이나 산업 정보를 알아내기 위한 첩보활동과 이를 막기 위한 방첩 활동도 치열하다. 연구소와 민간 기업을 표적으로 삼는 산업스파이도 늘고 있다. 민간 기업이나 개인도 경쟁 기업의 정보를 빼내기 위해서 산업 스파이를 고용하기도 한다.

또한 오늘날 스파이는 최신 기술과 밀접한 관련이 있다. 상대편을 방해하는 해킹 기술은 날이 갈수록 중요해지고 있으며, 고성능 컴퓨터를 사용해서 수많은 정보를 빠르게 수집하고 분석한다. 직접 감시하고, 엿듣고, 뇌물 공작으로 상대편을 우리 편으로 끌어들이는 전통적인 스파이 기술도 여전히 중요하지만 스파이는 점차 기술 중심의 전문직이 되어가고 있다.

스파이가 일하는 곳

스파이는 대외적으로 다른 직업을 가지고 있는 경우가 많다. 스파이라는 정체가 탄로 나면 정보를 몰래 수집할 수도 없을뿐더러, 오히려 접근해오는 다른 스파이에게 정보를 빼앗기거나, 자기편을 배신하도록 현혹될 수 있기 때문이다. 그래서 어느 나라든 스파이의 정체는 철저히 비밀로 하고 있다.

국가마다 정보기관이 있고 이 기관의 직원은 스파이 활동과 관련한 일을 한다. 우리나라의 국가정보원과 미국의 중앙정보국, 이스라엘의 모사드Mossad 등이 국가에서 운영하는 정보기관이다. 이 기관들은 홈페이지에 기본적인 정보를 소개하며, 직원도 공개적으로 뽑는다. 하지만 직원이 누구인지, 어떤 일을 하는지는 철저히 비밀로 한다. 또한 군대에도 정보를 다루는 부대가 있고, 특별한 훈련을 받은 군인이 정보 관련 일을 한다.

스파이가 정보를 수집하는 방법

스파이는 여러 방법으로 정보를 수집한다. 우선 신문, 잡지, 책, 인터넷 등 누구나 알 수 있는 공개된 정보를 수집하는데, 이를 '공개 출처정보'라고 한다. 공개된 내용도 잘 살펴보면 귀중한 정보를 얻을 수 있는데, 실제로 국가에서 필요한 정보의 80% 이상을 공개 출처정보에서 얻을 수 있다고 한다. 공개 출처정보를 살피는 일은 안전하지만 수많은 정보 속에서 원하는 정보를 찾는 것이 제일 어려운 문제이다.

기술과 과학 장비를 이용해서 수집된 정보는 '기술 정보'라고 한다. 기술 정보에는 정찰기나 첩보 위성, 레이더로 영상을 얻어 분석한 '영상 정보'와 상대방의 통신을 엿듣고, 무기나 레이더에서 나오는 전파를 분석해서 얻는 '신호 정보', 그리고 상대방의 레이더 신호를 추적해서 적 항공기의 성능을 알아내고, 방사능 물질을 측정해서 핵무기 성능을 알아내는 '측정기술정보' 등이 있다. 기술 정보를 얻기 위해서는 값비싼 장비와 전문 기술이 필요하다.

가장 오래되고 기초적인 정보 수집 방법은 사람이 직접 보고 듣는 것이다. 스파이는 직접 필요한 장소에 가서 정보를 수집하기도 하고 다른 사람을 정보원으로 이용하기도 한다. 적의 군인이나 스파이를 사로잡아 정보를 자세히 따져 묻거나, 적국을 탈출한 사람이나 이민자, 때로는 방문했던 경험이 있는 사람을 통해 정보를 얻는데 이를 '인간정보'라고 한다. 인간정보는 적의 의도와 목적을 알아낼 수 있고, 가치 있는 정보를 골라내기 쉬우며, 상황에 따라 다양한 방법을 쓸 수 있다. 하지만 때로는 사람이 정보를 잘못 판단할 수 있고, 무엇보다도 정보를 주는 사람이 적에게 넘어가 거짓 정보를 알려주면 큰 피해를 볼 수가 있다. 그래서 정보기관은 정확한 판단을 위해 공개 출처정보, 기술 정보, 인간 정보를 모두 종합해서 분석한다.

스파이에게 필요한 역량

국가정보원에서는 국가와 국민을 위해 헌신하는 애국심을 중요하게 여긴다. 스파이 또는 정보요원은 때로는 목숨까지 희생해야 하지만 하는 일이 겉으로 드러나지 않고 다른 직업에 비해 돈을 많이 버는 것도 아니기 때문이다.

자기가 알고 있는 비밀을 함부로 발설하지 않는 보안의식과 자기 임무는 반드시 해내고 마는 책임감도 중요하다. 미국 중앙 정보국CIA에서 정보요원을 선발할 때 가장 우선하는 것은 정직과 높은 윤리의

식이다. 아무리 능력이 뛰어나도 거짓말을 하거나 유혹에 넘어갈 가능성이 있는 사람은 뽑지 않는다. 그래서 CIA에서는 정보요원을 채용할 때 개인의 사생활을 엄격히 따져보고, 거짓말 탐지기로 지원자를 테스트한다.

스파이는 전문 분야에 따라 필요한 자질이 조금씩 다르다. '첩보 수집'을 전문으로 하는 사람은 아주 사소한 것도 놓치지 않는 예리한 관찰력과 관찰한 것을 기억하는 기억력이 필요하다. 비밀 활동을 하면서 갑작스럽게 위험 상황이나 비상 상황에 처했을 때도 잘 대처할 수 있는 용기와 재치도 중요하며, 여러 사람과 두루 잘 지내고 다른 사람의 감정을 읽어 낼 수 있는 능력이 있으면 좋다.

'정보 분석'을 하는 사람은 수많은 첩보 중에서 의미 있는 것을 골라내야 하므로 조직적인 사고, 논리력, 추리력을 갖춰야 한다. 새로운 사실을 발견해내기 위한 상상력과 창의력도 중요하다. '비밀공작'을 하는 요원은 용기와 대담함, 상황에 따라 대응할 수 있는 순발력과 융통성이 필요하다. 비밀공작을 위한 전문지식과 기술도 꼭 있어야 한다. '방첩 활동'을 하는 사람에게는 관찰력, 논리력은 물론 어떤 사실을 발견했을 때 끝까지 파고드는 끈질김이 중요하다.

미래의 스파이

변화하는 스파이 활동

스파이는 과거에는 주로 정치, 군사 분야에서 활동했으나 오늘날에는 경제, 문화, 과학 기술 등 사회 모든 분야에서 활동하고 있다. 신기술, 에너지, 식량, 금융, 환경 변화에 어떻게 대응하느냐에 따라 국가의 미래가 달라지기 때문에 각국의 정보기관은 이와 관련한 정보를 수집하고 분석하는 데 큰 힘을 기울인다.

전쟁 양상도 달라졌다. 과거와 같이 직접 적을 정찰하고 전투를 벌이기도 하지만 최신 기술을 활용해서 먼 곳에서도 적을 탐지하고 공격한다. 정보가 퍼지는 속도도 빨라졌고 분석해야 하는 정보의 양도 어마어마하게 많아졌다.

기술의 발전으로 인류의 삶은 윤택해졌지만, 동시에 새로운 기술

스파이 드론

최신식 무인정찰기

이 국가안보와 국민의 안전을 위협할 가능성도 커졌다. 오늘날 테러 단체는 인터넷, 특히 페이스북이나 인스타그램 같은 소셜미디어로 조직원을 모집한다. 무인 비행체인 드론을 이용해서 사람이나 건물에 공격을 가하기도 한다. 무인 정찰기, 인공위성으로 첩보를 수집하고, 인공지능이 탑재된 컴퓨터로 많은 자료를 빠르게 분석한다. 사이버 전쟁의 형태로 벌어지는 비밀공작은 상대방의 통신을 막고, 발전소나 공장의 가동을 멈추게 한다.

변하지 않는 것

정보를 수집하고 분석하는 기술은 지금도 하루하루 눈부시게 발전하고 있다. 정보요원도 자기 분야의 전문 지식과 기술을 갖출 필요가 있다. 하지만 첩보 기술은 역사 기록에서 찾아볼 수 있는 것과 오늘날 스파이가 쓰는 것이 본질적으로 크게 다르지 않다.

옛날에는 땅을 파고 숨어서 적의 대화를 엿듣고 편지를 베껴 썼지만 지금은 전자 장치로 전화 통화를 엿듣고 해킹으로 전자우편을 몰래 살펴본다. 비둘기를 날리거나 봉수대에 불을 피워 연락하던 것은 위성 통신이나 인터넷을 통한 연락으로 바뀌었다. 이처럼 스파이 활동에 사용하는 '수단'은 기술 발전에 따라 크게 변화하였지만 스파이 활동의 기본적인 '목적'은 예나 지금이나 같다. 여전히 스파이에게 개인의 용기, 헌신, 책임감, 정직함을 강조하는 이유다.

스파이, 신비에 싸인 직업

스파이는 아주 오래된 직업이다. 하지만 다른 직업과는 다르게 스파이는 자기가 하는 일을 알릴 수 없고, 스파이에 관한 기록도 많이 남아있지 않아서 그 모습이 어떠했는지 정확히 알기 어렵다.

지금도 스파이에 관한 정보는 세상에 많이 알려져 있지 않다. 스파이가 하는 일이 세상에 알려진다는 것은 스파이 활동이 실패했다는 뜻이기 때문이다. 비밀스러운 일을 하는 스파이는 그 직업 자체도 신비에 싸여 있고, 이런 신비로움 때문에 스파이가 되고 싶어 하는 사람도 있다. 상대방의 비밀을 몰래 알아내고, 수많은 정보를 분석하고, 비밀리에 작전을 펼치고, 상대의 스파이 활동을 막는 스파이를 인류는 앞으로도 오랫동안 필요로 할 것이다.

• 부록 •

어떻게 하면 정보요원이 될 수 있을까?

대한민국의 정보기관, 국가정보원

1945년 우리나라는 일제가 제2차 세계 대전에서 패망하면서 독립하였다. 그 후 미국이 3년에 걸쳐 군사 정치를 실시했다. 1948년에 대한민국 정부가 수립되었고, 2년 후에는 이념 대립으로 남과 북으로 나뉘어 6 · 25전쟁이 발발했다. 대한민국 정보기관은 정치적인 혼란을 겪으며 북한과 외국의 정보를 입수하고 간첩을 잡는 일을 주로 했지만, 내부의 반대 세력을 감시하는 데에도 활용되었다.

국가정보원 엠블럼

1961년 5 · 16 군사 정변 이후 '중앙정보부'가 만들어졌고, 중앙정보부는 1981년 '국가안전기획부'로 바뀌었다가 1999년 '국가정보원'

이 되었다. 국가정보원은 국외정보 및 국내 보안 정보를 수집하고, 법에서 정한 내란과 외환 및 반란의 죄, 군사기밀 보호에 관한 죄 등을 수사한다. 국가정보원의 위치, 구성, 직원은 공개되어 있지 않다. 다만 본부의 대략적인 위치와 사용하는 비용 등은 국회 정보위원회에 공개하고 있다.

군대에도 군사 관련 정보를 수집하고 군사 보안 및 방첩 임무를 담당하는 '군사안보지원사령부'가 있다. 또한 국군 국방정보본부 아래에 해외, 북한 관련 정보 수집 및 첩보 임무를 담당하는 '국군정보사령부'와 통신이나 전파 등 각종 신호를 탐지해서 정보를 분석하는 '777사령부'가 있다. 물론 이 부대들의 자세한 정보는 공개되어 있지 않다.

국가정보원의 정보요원이 되는 방법

국가정보원에서는 외국, 북한, 테러 단체나 국제범죄조직에 대한 정보를 수집하고 관리한다. 외국의 스파이 및 기술 · 산업 정보를 빼내려는 산업 스파이를 막는 방첩 활동, 국가 기밀에 속하는 문서, 자재, 시설, 지역 보호, 국가 기밀을 다루는 사람을 대상으로 하는 보안 업무도 중요한 일이다. 또한 인터넷을 통해 정보를 빼가는 사이버 공격을 예방하고 대응하는 일도 한다.

국가정보원은 매년 1회 시험을 통해 직원을 뽑는다. 2014년부터

'국가정보적격성검사NIAT'와 한국사 및 전공 분야에 대한 필기시험을 시행하고 있다. 20~32세 사이의 대한민국 국민은 학력과 관계없이 누구나 시험을 치를 수 있다. 필기시험에 합격한 사람은 다시 체력검사를 받고, 최종 면접까지 통과하면 채용된다. 채용 후에는 1년간 비행기에서 낙하산을 타고 뛰어내리는 공수 훈련, 사격 훈련, 해양 훈련을 추가로 받는다.

우선 인턴으로 채용되어 일정 기간 일한 다음 정규 직원이 되는 방법이 있고, 특정 분야의 전문가로서 정보요원이 되는 방법도 있다. 국가정보원에서는 선발 인원 수, 경쟁률, 구체적으로 하는 일은 공개하지 않는다. 하지만 원하는 사람은 국가정보원 홈페이지 www.nis.go.kr에서 채용설명회에 관한 정보를 얻을 수 있다.

목숨을 바쳐 지키는 사람, 경호원

경호원의 탄생과 변화

고대부터 집단의 우두머리와 같은 주요 인물을 보호하기 위한 경호 집단이 있었다. 대부분 전투에 익숙한 군인으로 이루어져 있었는데 시간이 지나며 경호를 전문으로 하는 경호원이 직업으로 자리잡았다.

고대의 경호원

경호와 경호원

경호란 '위험을 조심해서 경계하고 대상을 지키는 일'이다. 인류가 무리를 지어 생활하면서 무리마다 우두머리, 즉 지도자가 생겨났다. 한 집단이 다른 집단과 싸울 때 지도자가 먼저 죽거나 다치면 싸움에서 질 때가 많았기 때문에 집단 내에 자연스럽게 지도자를 위험에서 보호하는 사람이 생겨났다. 이들은 주로 싸움에 능숙한 군인이었는데 나중에는 경호를 전문적으로 담당하는 조직과 경호원이 생겨났다. 오늘날 대부분 국가에는 엄격한 훈련을 받은 경호원들이 때로는 생명의 위험까지 무릅쓰고 지도자를 비롯해 경호를 요청한 사람들을 보호하고 있다.

경호원이 하는 일

경호원은 경호 대상자에게 발생할 수 있는 여러 위험 상황을 미리 파악해서 방지하고, 위험한 상황에 처했을 때 경호 대상자를 피신시키거나 위험한 대상을 제압, 또는 제거한다. 또한 경호 대상자를 지키기 위해 적의 공격을 몸으로 막아내기도 한다.

경호 대상자를 해치기 위한 목적으로 직접 공격을 가하는 위험만 있는 것은 아니다. 갑작스러운 교통사고, 태풍이나 지진과 같은 자연재해, 경호 대상자를 보기 위해 몰려든 사람들로 인한 혼란 등 경호원은 경호 대상자에게 해를 끼칠만한 모든 상황에서 대상자의 안전을 도모한다.

경호가 중요한 의식으로 사용되기도 한다. 외국의 대통령이나 교황과 같은 종교 지도자가 방문하는 경우 최대한의 예우와 국력을 보이기 위해 국가 경호원은 빈틈없는 경호 실력을 발휘한다. 또한 기념식과 같은 국가 행사에서 철저한 경호를 하는 것은 나라의 권위를 보여주는 방법이기도 하다.

이집트 파라오의 경호원

왕이나 고위 귀족, 사제 등 그 사회에서 지위가 높고 권력을 가진 사람을 옆에서 보호하는 경호원에 관한 기록은 기원전 2000년 경 이집트에서 발견된다. 이집트에는 파라오 옆에서 시중드는 사람이 있었다. 이들은 처음에는 맨몸으로 파라오의 시중을 들었는데 이후 무장을 하고 적이 나타나면 물리치는 역할까지 했다.

기원전 1400년대 초 이집트를 다스렸던 파라오 아멘호테프 2세에 관한 기록을 보면 파라오의 배 노잡이였던 아메네햅이 파라오의 마음에 들어 특별히 경호원이 되었다는 일화가 있다. 이를 보면 당시 파라오를 지키는 특별한 경호 부대가 있었다는 것을 알 수 있다.

포로 출신 경호원, 셔든

파라오 경호원의 활약이 두드러진 것은 람세스 2세가 히타이트의 왕 무와탈리 2세와 싸운 '카데시 전투'에서였다. 전투가 시작되면서 이집트군은 히타이트군에게 기습을 당해 크게 혼란에 빠졌다. 람세스 2세는 소수의 경호원만 거느리고 이집트군이 도우러 올 때까지 히타이트군의 공격을 버텼다. 카데시 전투에서 활약한 파라오의 경호원은 지중해의 해안가와 섬에 살던 셔든 출신이었다. 셔든은 당시 이집트군과는 다르게 특이하게 생긴 투구를 쓰고, 갑옷을 입고, 둥근 방패를 든 뛰어난 군인이었다. 이들은 이집트에서 지낼 수 있는 땅을 받고 파라오의 보호를 받는 특수 부대였다. 람세스 2세 당시의 셔든은 이집트군에 속하지 않는 파라오의

람세스 2세가 전투전차를 타고 히타이트인과 싸우는 모습

람세스 2세 사원에 새겨진 셔든(왼쪽), 람세스 2세와 셔든 그림(오른쪽). 셔든은 둥근 장식과 두 개의 뿔이 달린 투구를 쓰고, 둥근 방패를 들었다. 이집트군은 투구 대신 천으로 된 모자를 쓰고, 기다란 방패를 들고 있다.

개인 경호원이었지만 기원전 1100년에는 돈을 받고 이집트 군에 속해서 싸우는 용병이 된다.

페르시아 왕의 경호 부대

페르시아의 키루스 2세(기원전 580?~기원전 529)는 메소포타미아와 소아시아에 이르는 커다란 제국을 건설했다. 그는 뛰어난 군인을 뽑아 특수 부대 '불사신Immortals'을 만들었다. 불사신 부대에는 1만 명의 군인이 있었는데 한 명이 부상을 입거나 죽으면 그 자리를 다른 군인이 메워 항상 1만 명을 유지했다. 불사신 부대 중에서 특별히 뛰어난 1천 명을 다시 뽑아서 왕을 경호했다. 이 경호 부대는 긴 창을 들었는데, 창대의 아래에 무게 중심을 잡아주는 사

페르시아 왕의 경호원, 불사신 부대

과 모양의 장식이 붙어 있어 '사과를 가지고 다니는 사람'이라고 불렸다. 불사신 부대는 화려하게 치장한 갑옷을 입었으며, 먹고 마시는 것도 최고급이었다. 기원전 480년 크세르크세스 1세가 그리스를 침략했을 때도 불사신 부대는 크게 활약했다.

그리스의 경호원, 알렉산더 대왕과 그의 '동료들'

그리스 마케도니아 출신으로 페르시아를 넘어 인도까지 진출한 알렉산더 대왕은 어려서부터 귀족 집안의 젊은이들과 친구처럼 지냈다. 이들은 알렉산더를 중심으로 하는 강력한 기병대가 되어 전투가

알렉산더를 구하고, 알렉산더에 의해 죽임을 당한 클레이토스

클레이토스는 여러 전투에서 기병을 이끈 유능한 지휘관이면서 알렉산더의 친한 친구였다. 기원전 328년 알렉산더는 클레이토스를 페르시아 박트리아 지역의 총독으로 임명하고 축하 잔치를 벌였다. 하지만 이 자리에서 알렉산더와 클레이토스는 말다툼을 벌였고, 술에 취한 알렉산더는 홧김에 창을 던져 클레이토스를 죽이고 말았다. 술에서 깬 알렉산더는 사흘간 울면서 자신의 행동을 후회했다고 한다.

클레이토스를 죽이는 알렉산더 대왕 (앙드레 카스티뉴, 1899)

벌어지면 앞장서서 적을 무찔렀으며, 보통 때는 왕의 경호원 역할을 했다. 알렉산더는 페르시아와 싸우던 전투에서 제일 앞에서 돌격하다가 적군에 포위되어 위태로웠는데, 그의 '동료들' 중 하나인 클레이토스가 달려들어 목숨을 구한다. 알렉산더가 32세로 일찍 세상을 뜬 후에는 그의 동료들이 나라를 나누어 물려받는다.

로마의 경호원, 릭토르와 파스케스

고대 역사책에 따르면 로마는 기원전 753년 트로이 전쟁의 영웅 아이네이아스의 후손 로물루스가 세웠다. 건국 이후에는 7명의 왕이 로마를 다스렸는데 기원전 509년에는 시민들이 왕을 몰아내고 공화정을 실시했다.

정무관은 나랏일을 하는 공직자이며 그중 가장 지위가 높은 사람은 집정관이었다. 집정관은 로마 전체를 통치할 권한을 가졌고, 그 아래로 법을 담당하고 군대를 지휘하는 법무관과 오락, 경기, 축제, 식량 공급을 담당하는 조영관 등이 있었다. 정무관은 로마 시민이 모두 모인 민회에서 투표로 선출되었으며, 관직을 마친 다음에는 원로원 의원이 되어 나랏일에 대해 의논했다.

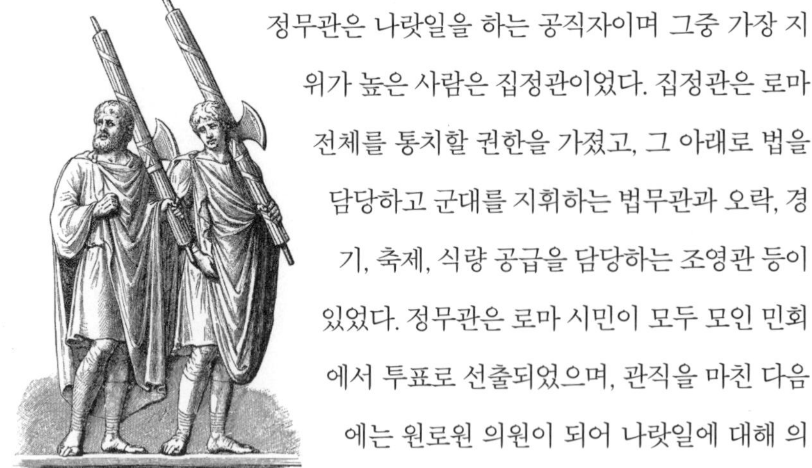

파스케스를 들고 있는 릭토르

브루투스 너마저

율리우스 카이사르의 암살

로마는 나라가 망할 정도로 위급한 상황에 처했을 때, 모든 권력을 가질 수 있는 독재관을 임명했다. 독재관의 임기는 보통 6개월에서 1년으로, 독재관은 위기 상황을 넘기면 스스로 그 자리에서 내려왔다. 율리우스 카이사르는 자신을 반대하던 적들을 모두 물리친 뒤 기원전 44년에 임기가 정해지지 않은 로마의 종신독재관이 되어 로마의 수많은 제도를 뜯어고쳤다. 원로원을 중심으로 한 세력은 카이사르가 권력을 차지하고 결국 황제가 되리라 생각해서 그를 암살할 음모를 꾸민다.

3월 15일, 카이사르는 릭토르 없이 원로원에 참석했다. 이 틈을 타 암살자들은 카이사르를 칼로 찔러 죽인다. 카이사르가 암살자들 사이에서 자신이 신뢰하던 마르쿠스 브루투스를 보고 "브루투스 너마저?(Et tu, Brute?)"라고 말했다는 이야기가 유명하다. 하지만 실제로 카이사르가 이런 말을 한 것은 아니고, 셰익스피어가 희곡 〈율리우스 카이사르의 비극〉에 쓴 것이 유명해진 것이다.

정무관 중 군대를 지휘할 자격이 있는 집정관과 법무관이 밖에 나갈 때는 '릭토르'라는 경호원이 따라다녔다. 집정관에게는 12명, 법무관에게는 6명의 릭토르가 있었고 릭토르는 '파스케스'라는 이름의 나무둥치에 묶인 도끼를 들고 다녔다. 이 파스케스는 공직자의 권위와 힘을 나타내는 상징이었는데, 훗날 독재를 뜻하는 '파쇼facio'나 '파시즘fascism'이 여기에서 비롯되었다.

황제의 경호원, 친위대

로마군 내에는 사령관을 호위하는 '친위대'가 있었다. 사령관은 대부분 집정관이나 법무관이었기 때문에 기본적으로 릭토르가 호위를 맡았지만, 전투가 벌어지면 릭토르만으로는 충분히 보호할 수 없었다. 그래서 경험이 많고 용감한 군인을 뽑아 사령관을 보호하는 부대인 친위대를 만들었다.

카이사르의 후계자인 옥타비아누스는 황제가 되면서 전쟁에서 자기를 보호했던 친위대를 황제의 경호 부대로 삼았다. 친위대가 되려면 신체가 건강하며 집안도 좋아야 했고, 유명한 사람의 추천도 받아야 했다. 친위대는 다른 군인보다 훨씬 높은 급료를 받았고, 유일하게 황제 앞에서도 무기를 지닐 수 있었다. 이들은 황제를 경호하는 일 외에도 비밀리에 정보를 수집해서 황제를 반대하는 세력을 잡아들였고, 때로는 반란을 일으켜 황제를 죽였다. 이런 일이 계속되자 312년 콘스탄티누스 1세는 친위대를 해산해 버렸다.

게르만 경호대

기원전 30년 무렵부터 로마 황제는 로마의 세력권 내에 사는 게르만족에서 경호원을 뽑아 총 5백~1천 명의 경호 부대를 만들었다. 게르만족은 숫자는 적었지만 멀리 떨어진 지역 출신이라 로마의 정치 세력과 관계가 없었기 때문에 황제는 게르만 경호대를 더 가까이에 두었다. 특히 네로 황제(37~68)는 게르만 경호대를 신뢰했는데, 네로를 몰아낸 다음 황제 갈바(기원전 3~69)는 이들을 없애버렸고, 이 때문에 게르만 경호대를 주로 배출하던 바타비족이 로마에 반란을 일으키기도 했다.

개인 경호원, 검투사

로마인은 검투사가 싸우는 모습을 즐겨 관람했다. 로마의 많은 도시에는 둥근 모양의 경기장이 있었으며, 여기서 검투사들은 다른 검투사나 사자와 같은 야생 동물과 싸웠다. 나라에 큰 경사가 있거나 위대한 사람이 죽었을 때 이를 기리기 위해 검투 시합을 열었으며, 많은 시민이 경기

로마 제국 시대에 지은 가장 큰 원형 경기장, 콜로세움

2세기경 검투사의 모습을 묘사한 모자이크

장에 모여 열광했다. 검투사들은 주로 전쟁에서 잡혀 노예가 된 포로들이었고, 검투사가 된 후에도 끊임없이 훈련을 했기 때문에 싸움 실력이 뛰어났다. 검투사의 주인은 경기가 없을 때면 돈을 받고 이들을 경호원으로 빌려주고는 했는데, 경호원으로 일하는 동안에는 검투사도 무기를 지닐 수 있었다. 귀족이나 부유한 상인들은 자신의 지위를 뽐내기 위해 유명한 검투사를 개인 경호원으로 두고는 했다.

중세 이후의 경호원

바랑기안 친위대

8세기경 영국과 유럽 북부 및 서부 지역은 스칸디나비아반도 출신 '바이킹'들의 습격에 시달렸다. 바이킹은 배를 타고 해안지역의 마을을 습격해 약탈했고, 때로는 육지 깊숙이 들어와 땅을 차지하기도 했다. 바이킹 중 일부는 러시아 지역에서 용병으로 활동하기도 했는데, 이들을 '바랑기안Varangian'이라고 불렀다. 동로마 제국의 바실리우스 2세(958?~1025)는 러시아 황제로부터 바랑기안

11세기에 그린 바랑기안 근위병

부대를 지원받았고, 이들을 자기 친위대로 삼았다. 이들은 황궁 내에 머무르며 황제를 보호하고 반란을 제압하는 강력한 군대였는데, 일반 군대와 함께 전투에 참여하기도 했다. 바랑기안 친위대는 매년 많은 돈을 받았고, 전쟁에서 얻은 전리품도 나눠 받아 큰 부자가 되었다. 이 때문에 다른 바이킹들은 바랑기안 친위대를 부러워했다. 바랑기안 친위대는 황제에게 충성을 다하는 것으로 유명했지만, 황제 개인을 따르는 것은 아니라서 이전 황제를 암살한 새 황제가 즉위해도 새로운 황제를 따랐지 이전 황제를 위해 복수하지는 않았다.

교황을 경호하는 스위스 근위대

중세 유럽의 교황은 왕이나 황제를 넘어서는 힘과 권위를 누렸으며, 다른 나라의 정치에도 큰 영향을 미쳤기 때문에 교황을 미워하고 죽이려는 적도 많았다. 교황은 다른 나라나 도시와 전쟁을 치르기도 했는데, 주로 스위스 출신 군인을 고용했다. 교황 율리오 2세(1443~1513)는 1506년 스위스 용병 150명으로 근위대Pontificia Cohors Helvetica를 만들고 이들을 '교회의 수호자'라고 불렀다. 1527년 신성로마제국의 군대가 바티칸을 공격했을 때 스위스 근위대는 교황이 피난하는 동안 적에 맞서 물러서지 않고 싸웠다. 이 전투로 189명의 근위병 중 147명이 목숨을 잃었다. 이후 교황청은 스위스 용병만을 근위대로 고용했고, 지금도 교황청을 지키는 근위대는 가톨릭 신자

1860년대의 스위스 근위대 그림(왼쪽)과 오늘날 스위스 근위대(오른쪽)

이며 스위스군에서 근무한 경력이 있는 키 174cm 이상의 결혼하지 않은 스위스 남자만 될 수 있다.

다호메이 왕국의 여자 경호 부대

18세기 아프리카 중서부 지역의 강자였던 '다호메이Dahomey' 왕국에는 여자로만 이루어진 군대가 있었다. 이들은 어머니라는 뜻의 '미노Mino'라는 이름으로 불렸으며, 서양에는 '다호메이 아마존'으로 알려졌다. 다호메이 아마존이 되려면 무기를 잘 다뤄야 하는 것은 물론이고, 칼만 들고 정글로 들어가 10일간 살아남는 생존 훈련이나 가시나무 덩굴을 뚫고 뛰는 고된 훈련을 두 차례 마쳐야 했다. 이들은 충성심이 뛰어나 적 앞에서 절대로 달아나지 않고 왕을 지키는 데 목숨을 바쳤고, 웬만한 남자들보다 더 잘 싸웠다고 한다.

다호메이 아마존, 미노

다호메이 아마존 중에는 왕의 여동생이 지휘하는 특수한 경호 부대가 있었는데 이들은 궁궐 내에 살면서 왕을 수행하고 보호했다. 19세기 후반 프랑스의 침략을 받은 다호메이는 4년에 걸쳐 전쟁을 벌였으나 1894년 결국 패배했다. 다호메이는 프랑스의 식민지가 되었고, 다호메이 아마존 부대는 해체되었다. 프랑스군은 다호메이 아마존을 만만하게 여겼다가 전쟁에서 큰 피해를 보았고, 다호메이가 식민지가 된 후에 프랑스군 장교가 살해당한 일도 있었다. 1979년까지 살아있었던 다호메이 아마존의 마지막 생존자 나위가 죽기 일 년 전 프랑스 역사학자에게 1892년 프랑스와의 전쟁에서 싸운 일을 이야기 했다고 한다.

실패한 경호, 암살

경호하던 대상이 다른 사람에 의해 목숨을 잃는 것만큼 경호원에게 큰 실패는 없다. 역사상 수많은 왕과 장군, 정치가들이 적에게 살해당했는데, 이 중에는 자기를 보호하던 경호원에게 죽임을 당한 사람도 있다.

41년 로마 황제 칼리굴라(12~41)는 자신의 근위대장에 의해 살해당했으며 1792년 스웨덴의 국왕 구스타프 3세는 자신을 경호했던 군인에게 암살당했다. 구스타프 3세를 살해한 사람은 안카스트롬이라는 전직 왕실 근위대 소속 장교인데, 왕을 비난했다가 군대에서 쫓겨난 뒤 왕에게 반대하던 귀족들의 말에 넘어가 가장무도회에 참석 중인 왕을 살해했다. 또한 미국의 16번째 대통령인 에이브러햄 링컨은 1865년 연극 공연을 보는 도중 정치적으로 자신을 반대하던 사람에 의해 살해되었다. 당시 링컨의 경호원은 경찰관 한 명뿐이었고, 그마저도 자리를 비워 암살을 막지 못했다.

왕조 시대 중국의 경호원

주나라의 경호 부대

중국 경호원에 관한 기록은 주나라의 제도와 관직을 정리한 『주례』에서 찾아볼 수 있다. 주나라에서는 '궁정'이라는 관리가 왕을 경호했다. 궁정은 왕궁에서 일하는 사람, 왕궁을 드나드는 사람을 감시했고 몸을 수색해서 위험한 물건을 소지하지 못하도록 빼앗았으며, 행동이 수상한 자를 붙잡았다. 긴급 상황이 발생하면 관리의 가족 중에서 날랜 사람을 불러들여 궁궐을 지켰다.

왕과 왕실을 경호하는 사람은 '금위'라고 했는데 이들은 왕이 신임하는 귀족 가문 출신이었다. 금위를 지휘하는 '종백'은 왕이 가장 믿는 신하로서 지위가 높았다. 왕실을 경호하는 군대를 '금군' 또는 '금위군'이라고 했다.

금위는 왕의 곁을 떠나지 않고 눈에 띄지 않는 곳곳에 숨어 있었기 때문에 암살자가 왕에게 접근하기 어려웠다. 왕이 수레를 타고 갈 때는 창과 방패를 들고 수레와 같이 달리면서 경호하는 '여분씨'라는 관리가 있었다. 이들은 왕이 손님을 맞이할 때나 제사를 지내고 장례와 같은 예식을 할 때도 무기를 지니고 왕을 보호했으며, 전쟁터에서도 왕의 전차를 호위했다.

진나라의 3단 경호 체제

중국을 통일한 진나라에는 왕의 호위병 수가 많았고 그 실력도 뛰어났다. 진나라 때부터 한나라 때까지 수도를 지키는 군대, 궁궐을 지키는 경호 부대, 황제를 바로 곁에서 보호하는 경호원까지 3단 경호 체제가 있었다.

수도를 지키는 강력한 경호 부대인 금위군은 '중위'가 지휘했고, 궁궐의 문을 지키는 군인은 따로 '위위'라는 관리의 명령을 따랐다. 황제의 시중을 들면서 가까이에서 보호하는 경호원은 황제의 비서실장 격인 '낭중령'이 책임졌다. 이런 제도를 만들었음에도 진시황의 아들인 진 이세황제는 낭중령이었던 조고(?~기원전 207)에 의해 살해당했다.

무덤에서도 진시황을 지킨 호위병

진시황은 암살 위기를 겪은 후 경호를 강화했다. 진시황은 경호 부

진시황의 무덤에서 발견된 흙으로 빚은 군인, 병용

대를 거쳐 가까이에 배치하고 자기가 어디에 있는지, 어디로 가는지 알 수 없도록 했으며 황제가 이용하는 공간에는 아무도 접근하지 못하게 했다.

진시황은 무덤에도 자신을 지키는 경호원을 배치했다. 1974년 발견된 진시황의 무덤에는 흙으로 빚은 수천여 명의 군인과 말과 마차까지 발견되었는데, 군인은 저마다 다른 모습으로 만들어졌으며 실제 무기를 가지고 있었다고 한다.

조조의 경호원과 경호 부대

중국의 삼국 시대, 위나라의 조조는 특별히 날래고 용감한 병사를 모아 말을 타고 싸우는 기병 친위 부대 '호표기'를 만들었다. 호표기의 지휘관은 대대로 조조의 집안사람이 맡았으며 전투가 벌어질 때 조조의 곁을 지키는 경호 부대 역할을 했다. 조조는 특별히 힘이 세고 무술이 뛰어난 군인에게 자기 옆을 지키게 했는데 그중에서 가장 유명한 사람은 전위(?~197)다. 전위는 힘이 장사였을 뿐 아니라 충성심과 의지도 남달라서 조조의 경호원 수백 명을 맡아 지휘했다. 전위는 낮에는 항상 조조를 따라다니며 경호했고 밤에는 조조의 장막 옆에서 잠을 잤다. 그러던 어느 날 조조에게 한번 항복했던 세력이 조조를 배신하고 습격을 감행했다. 전위는 조조가 몸을 피하는 동한 십여 명의 부하와 함께 적을 막아내다가 목숨을 잃었다. 조조는 전위의 죽음을 매우 슬퍼했고, 그가 죽음을 맞이한 고을을 지날 때마다 제사를 지냈으며, 전위의 아들을 관리로 임명해 후하게 대우했다고 한다.

전위가 죽고 난 후 그 자리를 이어받은 장군은 허저(?~?)이다. 그는 전쟁에서 위기에 빠진 조조의 생명을 여러 번 구했다. 특히 조조가 머무는 곳에는 조조의 가까운 친척도 함부로 들여보내지 않아 조조의 신임을 얻었다고 한다.

송나라의 경호 부대

송나라를 세운 조광윤(927~976)은 경호 부대인 '금군총장령' 출신으로, 자신이 황제를 몰아내고 새로 나라를 세웠기 때문에 호위병이 얼마나 중요한지 잘 알고 있었다. 그는 황제를 호위하는 금군의 수를 늘렸는데, 총 40여만 명의 군인 중 19만 4천여 명이 금군이었다.

이어서 태종 때는 총 66만여 명의 군인 중 절반이 넘는 36만여 명이 금군이었다. 금군은 황제를 경호하는 일 외에도 각 지방을 지키고 전쟁이 나면 앞장서 싸우는 뛰어난 군인이었다. 금군 중에서도 특별히 뛰어난 군인은 황제의 경호를 맡았는데, 선발된 보병은 하루 4회, 기병은 하루 5회 의무적으로 강도 높은 훈련을 받았다. 하지만 북쪽의 유목민이 세운 나라와 싸우느라 세력이 약해진 송나라는 수가 너무 많아진 금군에게 월급도 제대로 주지 못했다. 1127년에는 송나라가 여진족이 세운 금나라를 피해 남쪽으로 피난하면서 금군의 수가 크게 줄었다.

명나라와 청나라의 경호 부대

명나라의 '금의위'는 첩보활동을 하면서 수도의 보안과 황제의 신변 보호까지 책임졌다. 또한 황제에게 위협이 될 만한 사람을 미리 찾아내 감시하고 때로는 죽이기도 했다. 그리고 황제는 시중을 드는 환관을 특히 신뢰했는데, 환관의 도움을 받아 황제가 된 영락제(1360~1424)는 환관으로 이루어진 '동창'을 만들었다. 동창에서 황제에 반대하는 세력에 관한 정보를 입수하면, 금의위가 나서서 이들을 잡아들였다. 하지만 금의위와 동창의 권력이 나랏일에 영향을 미칠 정도로 커지자 여러 문제가 생겼다.

만주족이 세운 청나라에서는 금의위나 동창 같은 비밀 정보기관을 없앴다. 청나라에서는 출신 가문을 중시해서 경호원을 뽑았는데, 이들은 궁궐을 방어하고 황제를 경호했다. 만주족으로 이루어진 정예군 '팔기' 중에서 '정황기'와 '양황기'라는 부대가 금군과 같은 역할을 했다.

몽골과 일본의 경호원

칭기즈 칸을 지키는 케식

칸이 먹는 음식을 관장하는 케식

중국 북쪽 초원 지대의 유목민인 몽골족은 부족끼리 싸워 상대편을 죽이고 가축과 재물을 약탈하는 일이 빈번했다. 부족의 우두머리인 족장을 몰래 습격해서 죽이는 일도 잦았는데, 유목민들은 성벽을 두른 마을에서 사는 것이 아니라 짐승 가죽으로 만든 텐트를 치고 살았기 때문에 적이 습격하면 막아내기가 어려웠다. 그래서 족장과 가족을 지키는 개인 경호원이 있었다.

몽골족을 통일한 칭기즈 칸(1162~1227)은 자신에게 충성을 바치는 좋은 집안의 자제를 모아 친위대 '케식'을 만들었다. 케식에는 낮에 근무하는 토르구르 부대 70명, 밤에 근부하는 케브톨 부대 80명이 있었는데, 교대로 칭기즈 칸과 그의 가족을 경호했다. 케식에 속하는 병사는 다른 군인에 비해 지위가 높았고 좋은 대우를 받았다. 또한 케식은 일종의 사관학교로, 케식 출신 군인은 훗날 다른 부대의 지휘관이나 장군이 되었다.

귀족의 경호원 사무라이

10세기경 일본은 귀족들이 다스리던 나라였다. 귀족들은 지방의 하급 관리 중에서 무술 실력이 뛰어난 사람을 불러 자기의 경호원으로 삼았는데 이들이 '사무라이'다. 사무라이에는 '높은 사람을 옆에서 모신다'라는 뜻이 있다. 처음에는 경호원에 해당하는 이들을 칭하던 호칭이었던 사무라이는 점점 뜻이 넓어져 무사 계급을 이르는 말이 되었다.

중앙의 귀족이나 영주는 지방의 사무라이들에게 땅을 맡겨 관리하도록 했다. 시간이 지나면서 세력이 점점 커진 사무라이는 15세기에 이르러 일본의 지배층이 되었다. 유럽의 봉건제처럼 사무라이들은 더 큰 세력을 가진 사무라이를 영주로 모셨으며, 전쟁이 일어나면 군대를 모아 영주와 함께 싸웠다. 전쟁에서 패배하고 땅을 빼앗긴 사무라이는 이리저리 떠도는 '로닌'이 되었는데, 이들 중 일부는 돈을 받고 부유한 상인이나 농민을 보호하는 사설 경호원인 '요짐보'가 되었다. 요짐보는 돈을 받고 힘을 쓰는 폭력배라고 사람들로부터 멸시를 받았다.

우리나라의 경호원

• 고조선과 삼국 시대

최초의 암살, 최초의 경호 실패

우리나라의 역사 기록에 처음 등장하는 암살은 고조선의 우거왕(기원전 160~기원전 108) 살해 사건이다. 우거왕은 한나라 군대에 맞서 오랫동안 싸웠으나 결국 수도가 포위당했다. 우거왕이 수개월에 걸쳐 한나라의 공격을 잘 막아냈지만 더 이상은 어렵다고 생각한 신하들이 왕에게 항복을 권했다. 그러나 왕은 끝까지 저항할 것을 주장했고, 이에 불만을 품은 신하가 사람을 시켜 우거왕을 살해했다. 왕이 암살되었다는 것은 경호가 실패했다는 것을 의미한다. 우거왕 암살 사건은 우리나라 최초의 경호 실패 사건이라고 할 수 있다.

고구려와 백제의 경호 제도

고대 사회에서 왕과 귀족의 경호는 군대가 맡았다. 그래서 군사 제도와 경호 제도가 크게 다르지 않았다. 고구려 군대 중에서 특별히 왕의 경호를 담당한 근위병이 있었는지에 관한 기록은 찾아볼 수 없다. 하지만 왕이 자주 전쟁에 앞장섰기 때문에 당연히 왕을 경호하는 특수한 부대가 있었을 것이라 짐작할 수 있다.

백제에는 왕궁을 지키는 경호책임자로 '위사좌평'이라는 관리가 있었고, 왕이 신임하는 사람이 이 자리에 올랐다. 하지만 위사좌평에 의해 살해된 왕도 있었다. 백제의 동성왕(?~501)은 사냥을 떠났다가 눈이 많이 내려서 잠시 눈을 피해 머물던 중에 위사좌평 백가가 보낸 자객에 의해 살해당했다. 경호 책임자는 왕이 언제 어디에 있는지를 잘 알고, 다른 경호원도 자신이 지휘했기 때문에 마음만 먹으면 왕을 쉽게 암살할 수 있었다.

신라와 발해의 경호 제도

중국의 역사책에는 신라의 수도에 '사자대' 3천 명이 있었다는 기록이 있다. 이들은 왕의 근위병으로 수도를 방어하고 왕실을 경호하는 역할을 했을 것이다.

또한 『삼국사기』에는 왕궁을 지키고 왕의 경호를 담당하는 '시위부'가 나오는데, 이 시위부가 우리 역사에 공식적으로 처음 나타나는 경호 조직이다.

삼국통일 후 신라는 국왕의 경호를 담당하는 시위부를 강화했다. 시위부에는 세 개의 부대가 있었고, 다른 군대와는 달리 왕이 직접 명령을 내렸는데, 왕의 권한이 커지면서 시위부도 성장했다.

고구려가 멸망한 후 한반도의 북부인 만주와 연해주 일대에서 옛 고구려 출신과 말갈족이 발해를 세웠다. 발해에 대한 기록도 많이 남아있지는 않지만, 궁궐을 지키는 '맹분위', '웅위', '비위'와 같은 부대가 있었다고 한다.

● 고려

고려의 경호 부대

고려는 수도인 개경(지금의 개성)에서 왕실과 수도를 방어하고 경비하는 일을 하는 중앙군과 각 지방에서 그 지역을 방어하는 지방군으로 나눴다. 중앙군에는 2군과 6위의 8개 부대가 있었다. 중앙군 중 2군인 '응양군'과 '용호군'은 국왕의 친위대로 왕과 왕실을 경호하는 것이 주된 임무였다. 6위 중에도 '천우위'는 왕이 행차할 때 호위해서 따라가는 역할을 했고, '감문위'는 도성과 왕궁의 문을 지키는 일을 하는 일종의 호위 부대였다.

무신의 난과 개인 경호 조직, 도방

고려에는 유학을 공부하여 정치와 행정 일을 담당하는 문신과 군대를 지휘하는 무신이 있었다. 고려는 문신 귀족 중심으로 유지되었는데, 문신과 무신의 차별이 심했다. 이에 1170년 고려 의종(1127~1173)이 보현원이라는 별장으로 놀러 갔을 때 왕을 경호하던 정중부(1106~1179)를 비롯한 무신들이 반란을 일으켜 문신들을 죽이고 정권을 장악한다. 무신들은 의종을 몰아내고 의종의 동생을 왕으로 올렸다.

권력을 잡은 무신 사이에서는 내부 다툼이 벌어졌다. 높은 지위를 차지한 무신들은 개인 군대를 키웠고, 이들은 주인을 지키는 경호원 역할도 했다. 1179년 당시 최고 권력자였던 정중부를 살해하고 정권을 장악한 경대승(1154~1183)은 다른 무신들의 위협을 막기 위해 집에 100여 명의 힘센 장사를 모아 자신을 경호하게 했는데, 이들이 '도방'이다.

도방은 한 집에서 먹고 자면서 주인을 경호하고 반대 세력을 제거하였으며, 주인의 권력을 믿고 남의 재산을 빼앗거나 사람을 죽이는 등의 악명을 날리기도 했다. 1183년 경대승이 죽은 뒤 도방은 없어졌는데, 이후 최충헌(1149~1219)이 권력을 잡은 뒤 도방을 되살렸다.

최충헌은 힘센 사람을 모아 6부대로 나누어 밤이나 낮이나 자신을 경호하게 했다. 최충헌의 아들 최우(1166~1249)는 도방 제도를 더욱 확대해 '내도방'과 '외도방'을 만들었는데, 내도방은 최우와 그의 집을 경호했고 외도방은 최씨 일가친척과 집 밖을 경호했다. 도방은 권력자 개인을 위한 경호 조직으로, 훈련은 고되었지만 좋은 대접을 받았으며 최고급 갑옷과 말, 무기를 사용해 겉모습도 화려했다고 한다.

권력자를 경호한 삼별초

최우는 도적을 물리치고 치안을 안정시킨다는 목적으로 군인 중에서 용감하고 힘이 센 사람을 뽑아 '야별초'를 만들어서 자신의 명령을 따르게 했다. 그래서 야별초는 국가에서 만든 군대였지만 최우의 개인 군대와도 같았다.

야별초의 숫자가 늘자 '좌별초'와 '우별초'로 나누었고, 이후 몽골에 포로가 되었다가 도망친 사람들로 만든 '신의군'과 합쳐 '삼별초'라고 불렀다. 삼별초는 도둑을 잡고, 치안을 유지하고 수도를 지키는 역할 뿐 아니라 권력자인 최씨 가문을 지키고, 반대 세력을 탄압하는 일을 했다. 몽골의 침략을 받은 고려 정부가 항복한 후에도 삼별초는 몽골과 계속 싸웠다.

고려 말기의 왕실 경호

몽골의 침입 이후 무신 정권은 무너지고 고려는 원나라의 지배를 받게 되었으며, 원나라를 본뜬 제도도 많이 들여왔다. 고려는 야별초

대신 '순마소'를 만들어 도적을 잡고 왕실을 경호했다. 순마소는 충렬왕(1236~1308) 때 '순군만호부'로 이름이 바뀌었고, 이성계가 정권을 잡은 후에는 반대파를 제거하는 역할을 하며 조선 초까지 계속 이어졌다.

왕의 시중을 들고 경호하는 관리를 통틀어 '성중애마'라고 했다. 성중애마에는 왕을 시중드는 환관, 왕에게 약이나 차를 올리는 다방, 방패를 만드는 사순, 왕의 옷을 짓는 사의를 비롯해 왕을 경호하는 군인 '홀치'가 있었다. 홀치는 주로 왕이 신임을 받는 관리의 가족 중에서 임명하였는데, 이들은 왕실을 호위할 뿐 아니라 왕의 명령에 따라 죄인을 잡아들이고 수도를 경비했다.

● 조선

조선 초기 경호 부대

조선은 건국 초기에 성중애마 중에서 사순과 사의를 없애고 왕을 경호하는 '별시위'를 만들었다. 별시위는 재산이 넉넉한 양반 중에서 뽑았는데 엄격한 시험을 통과해야 했다. 대표적인 경호 부대로는 왕실을 경비하는 '내금위'가 있었다. 내금위는 국왕을 측근에서 경호하는 군인이었기 때문에 양반 중에서도 부유하고, 외모가 준수하고, 무예가 뛰어난 사람을 뽑았고 숫자는 190명으로 많지 않았다. 다른 경호 부대 중에서도 내금위 소속 군인의 지위가 가장 높았다. 그래서 경호 부대원이 되려는 사람은 우선 내금위 시험을 치고 여기서 떨어지면 별시위에 지원했으며 별시위도 되지 못하면 일반 군인이 되었다.

내금위 외에도 왕을 호위하는 기병 부대인 '겸사복'과 서자 출신을 모아 특별히 왕 측근으로 근무하도록 하는 '우림위' 등이 있었다. 내금위, 겸사복, 우림위 등은 왕과 궁궐을 경호하는 '금군'이었다.

경호 방법

조선 시대 제도의 기준인 『경국대전』에는 궁궐과 왕을 경호하는 방법이 자세하게 정리되어 있다. 궁궐의 문은 '수문장'이 교대로 책임지고 지켰는데 큰 문에는 수문장 아래 30명, 중간 크기의 문은 20명, 작은 문은 10명의 병사가 배치되었다. 문을 여닫는 시간과 절차도 정해진 규칙에 따랐다. 궁궐 내에서 교대로 잠을 자면서 지키는 '입직', 궁궐 내외를 순찰하는 '순행', 왕이 움직일 때 그 주위를 경호하는 '시위' 등의 방법으로 왕과 궁궐을 경호했다. 비상시에 북이나 종을 쳐 신호하면 금군과 관리들은 저마다 자기가 맡은 지역에 모여 명령을 기다렸다. 궁궐 바깥은 금군이 아닌 일반 군대가 지켰는데 수도 가까이 여기저기에 경비 초소와 경비병이 배치되었고, 경비병들은 시간을 나눠 순찰했다.

조선 후기 경호 제도

임진왜란과 병자호란을 겪으며 경호 제도도 달라졌다. 내금위, 겸사복, 우림위의 세 부대를 하나로 합쳐 '금군청'을 만들었고 금군별장 2명이 지휘하게 했다. 영조(1694~1776) 때는 이름을 '용호영'으로 바꾸었다. 1682년 숙종은 국왕을 호위하고 서울을 방어하는 새로운 부대 '금위영'을 만들었다.

왕이 되기 전 왕세손 시절부터 반대 세력으로부터 목숨을 여러 번 위협받았던 정조(1752~1800)는 왕이 되자마자 새롭게 '숙위소'를 만들어 경호를 강화했다. 숙위 대장으로는 정조가 가장 신임하던 홍국영(1748~1781)을 임명했다. 하지만 홍국영이 권세를 휘두르다 왕의 눈 밖에 나 쫓겨난 후 숙위소는 없어졌다.

정조는 대신 '장용영'이라는 새 부대를 만들어 군사 제도를 개혁하고 왕의 지위를 탄탄히 하려 했다. 장용영은 왕의 친위부대로 '내영'과 '외영'이 있었는데, 내영은 서울에서 왕을 경호했으며, 외영은 정조의 아버지 사도세자의 무덤이 있는 수원에 배치되었다. 하지만 장용영은 정조가 죽고 나서 반대 세력에 의해 없어져 버렸다.

왕의 행차를 경호하다

정조는 여러 차례 사도세자의 무덤을 참배했다. 특히 1795년에는 어머니 혜경궁 홍씨(1735~1861)의 60번째 생일, 회갑을 맞이해 6천여 명의 대규모 인원을 동원해서 8일 동안 수원 화성으로 행차했다. 이때의 모습은 당시의 대표적인 화가 김홍도가 그린 「원행을묘정리의궤」에 담겨있다. 왕이 행차할 때의 경호를 살펴보면 우선 길 중간마다 기병 3명과 경호무사 1명을 한 조로 하는 '당마'를 배치해서 도로 주변을 경계했고, 장교 1명과 병사 3명을 한 조로 하는 '척후'가 멀리까지 볼 수 있는 높은 지대로 나가 주변을 미리 살폈다. 또한 중요한 곳마다 복병을 숨겨두어 만일의 일에 대비했다. 왕의 수레 옆에는 많게는 1천 명의 보병이 둘러싸 호위했고, 수레의 앞과 뒤로는 기병이 배치되어 철통같이 왕을 보호했다.

조선 말기 경호 제도의 변화

조선의 마지막 국왕이자 대한제국의 초대 황제인 고종은 11세의 나이에 왕이 되었기 때문에, 왕의 아버지인 흥선대원군 이하응(1821~1898)이 왕을 대리해서 나라를 다스렸다. 흥선대원군은 외국과 서로 오가는 것을 엄격히 금지하고, 조선의 오래된 제도를 개혁했다. 하지만 흥선대원군의 정책에 반대하는 세력도 많았고, 고종도 아버지에게 불만을 품고 있었다.

1873년 대원군이 물러나고 직접 나라를 다스리기 시작한 고종은 먼저 궁궐 경호를 강화했다. 특히 친정을 시작한 지 두 달도 채 되지 않아 궁궐에 큰불이 났기 때문에 특별히 뛰어난 군인을 뽑아 '무위소'

정조의 화성 행차를 그린 「원행을묘정리의궤」의 일부

라는 경호 부대를 만들어 왕과 궁궐을 경호하게 했다. 이후 무위소는 점점 커져 '무위영'이 되었고 경호 임무 외에도 군사와 관련한 여러 일을 했다.

개항과 대한제국 시기의 경호 조직

강화도 조약 이후 새로운 문물을 받아들이기 시작한 조선은 1881년부터 외국인 군사 교관을 고용해서 근대적인 무기와 훈련 방법을 도입하기 시작했고, 1894년 '갑오개혁'을 통해 조선의 군대 제도를 크게 바꿨다. 왕을 경호하는 부대로 '시위대'를 만들었는데, 시위대는 러시아식 훈련을 받았으며. 이 부대의 장교는 전문적인 사관학교 교육을 받은 사람이었다. 시위대는 그 규모를 점점 늘려 포병부대, 기병 부대까지 갖춘 5천여 명 규모의 전투 부대로 성장했지만 1905년 일본 제국주의에 의해 강제로 규모가 줄어들었고, 1907년 강제 해산 당했다. 군대가 아닌 새로 만들어진 경찰 조직에는 '황궁경위국'에서 궁궐 안팎의 경비를 담당했다.

을미사변, 무력화된 경호

1895년 10월 8일 일본은 군대와 낭인을 동원해서 경복궁을 습격, 고종의 왕후 민씨, 명성황후를 참혹하게 살해한다. 조선을 호시탐탐 침략하려는 일본은 당시 러시아의 힘에 밀렸고, 러시아와 친했던 명성황후는 조선 침략에 방해가 되었기 때문이다.

을미사변을 일으킨 낭인들(한성신보 사옥 앞에서)

일본은 이 사건의 증거를 철저히 없앴다. 지금도 일본은 이 일이 일본 공사 미우라의 개인적 범죄라고 주장하며 일본 정부가 관여했다는 사실을 부정한다. 미우라는 을미사변 이후 일본에서 재판을 받기는 했지만, 증거불충분으로 무죄로 풀려났다.

한 나라의 궁궐을 습격하고 왕비를 살해한 '을미사변'은 일본의 잔혹한 조선 침략의 과정을 보여준다. 하지만 경호를 해야 하는 이들의 입장에서 보면 어떤 이유에서든 경호라는 임무를 다하지 못한 것이다.

20세기 이후 경호의 변화

히틀러의 친위대

히틀러는 '국가사회주의 독일 노동자당', 일명 '나치Nazi'라고 불리는 이름의 정당을 만들었는데, 나치당 안에는 히틀러를 경호하는 '슈츠스타펠Schutzstaffel'이라는 조직이 있었다. 1933년 독일의 정권을 장악한 히틀러는 슈츠스타펠, 일명 'SS'를 크게 확장했고 이들은 히틀러와 나치당 지도자의 경호뿐 아니라 독일이 점령한 지역의 치안 유지, 경찰 활동도 겸했다. SS는 특히 1933년부터 1945년까지 수백만 명의 유대인과 다른 민족을 학살하는 데 주도적으로 관여했다. SS 대원은 독특한 문장을 붙인 검은 제복을 입었고 2차 세계 대전이 끝날 때는 약 90만 명이 넘는 대원을 가진 커다란 군대가 되었다. 2차 세계 대전이 독일의 패전으로 막을 내리자 SS는 범죄 조직으로 선고

행진하는 SS 대원(왼쪽)과 SS의 문장(오른쪽)

되었고, SS 대원들은 전쟁 범죄자로 재판에 넘겨졌다. 하지만 강제로 SS에 배정되었던 군인은 범죄자의 낙인을 피해갔다.

미국 대통령 경호를 위한 비밀경호국

미국의 20대 대통령이었던 제임스 가필드가 기차역에서 살해당하고, 25대 대통령 윌리엄 매킨리도 암살되었다. 미국은 당시 위조지폐, 증권 범죄 등을 단속하던 '비밀경호국secret service'에서 대통령과 대통령의 가족을 보호하도록 했다. 비밀경호국은 규모가 점점 커져 1차 세계 대전 당시에는 독일 스파이를 잡는 일도 했으며, 2차 세계 대전이 벌어지면서 미국을 방문하는 외국 유명인사의 경호도 맡았다. 이처럼 미국 대통령과 가족에 대한 경호를 강화했음에도 1963년에는 존 F. 케네디가 암살당했으며, 1981년에는 로널드 레이건 대통령이 암살범이 쏜 총에 맞았다. 총알이 심장을 빗겨나가 레이건 대통령은 간신히 목숨을 건졌고, 레이건 대통령의 경호원이었던 팀 매카시도 몸을 던져 대통령을 보호하다가 총에 맞았지만, 치료를 받고 회복했다.

비밀경호국에 속한 경호원은 대통령이 방문하는 모든 곳을 미리 점검하고, 대통령이 차를 타고 천천히 이동할 때는 자동차 옆에서 같이 걸어가면서 사방을 감시한다. 또한 사람들 속에 몰래 숨어서 혹시 있을지 모르는 위험을 탐지하며, 대통령이 먹는 음식도 미리 검사한다. 대통령의 경호원이 되려면 개인 신상에 대해 철저히 검사를 받아야 하고, 경호원이 된 후에도 사격술과 응급 의료 등을 익혀야 한다.

중화인민공화국의 경호체계

1949년 중국 공산당은 중화인민공화국을 수립했다. 중화인민공화국에는 국가의 최고 지도자를 경호하는 '중앙경위국'이 있다. 중국의 '중난하이'라는 지역은 중국의 중요한 국가 기관과 고위 공무원의 사무실이 모여 있는 심장부인데 중앙경위국은 이곳을 철저하게 보호한다. 중앙경위국 요원은 중국 군대인 인민해방군에서 선발하며 부모, 형제, 친척 중에 과거에 공산당에 반대한 적이 있으면 뽑힐 수 없다. 뽑힌 후에도 매우 고된 훈련을 받아 중간에 탈락하는 사람이 많다고 한다.

대한민국의 경호체계

1945년 독립한 우리나라는 1948년 대한민국 정부를 수립했다. 대한민국 수립 이후에는 새로운 경호 체제가 만들어졌다. 1949년 '경호규정'을 만들어 경호 업무를 구체적으로 정했다.

처음에는 대통령이 일하고 생활하는 관저인 '경무대'를 담당하는 경무대 경찰서에서 대통령과 대통령 가족의 경호를 책임졌다. 1963년에는 '대통령경호실'을 만들어 대통령과 그 가족, 대통령으로 당선이 확정된 사람, 전직 대통령의 배우자와 자녀, 국내외 주요 인사에 대한 경호를 담당했다. 지금은 '대통령경호처'로 개편되어 대통령과 그 가족, 대통령 당선인과 그 가족, 대통령 권한 대행과 그 배우자, 퇴임 후 10년 이내의 전직 대통령과 그 배우자, 방한하는 외국의 국가원수 또는 행정수반과 그 배우자, 그 외에 경호가 필요한 국내외 요인을 경호하는 임무를 띠고 있다.

행사에 참여한 대통령을 경호하는 대통령경호처 소속 경호원

경찰과 군대에도 경호를 전문으로 하는 특수 부대가 있다. 서울경찰청 소속의 경찰 경비단과 서울을 지키는 수도방

위사령부에 속한 경호 부대가 대통령경호처의 지휘를 받아 함께 경호 임무를 수행한다. 과거 대통령이나 중요 인사를 경호할 때는 겉으로도 위압적으로 보이는 경호원을 배치해서 사람들이 오가는 것을 아예 막았다. 하지만 갈수록 사람들의 불편을 최소화하고 겉으로 드러나지 않게 경호하도록 변화하고 있다.

민간 경호원의 성장

경호원은 주로 국가가 운영했지만, 20세기에 들어 경제와 자본주의가 성장하면서 개인이 비용을 부담하고 경호원을 고용하는 민간 경호가 발전했다. 미국의 경우 20세기 초 경찰 업무와 경호를 하는 민간 사립 탐정이 생겨났고, 1940대 이후 발전을 거듭해 지금은 큰 산업 영역이 되었다. 영국에서도 자격을 얻은 사람은 개인 경호원으로 일할 수 있다. 기업가, 유명 연예인, 스포츠 스타와 같은 사람들은 사설 경호원을 고용해서 안전을 보장받는다. 우리나라는 1988년 올림픽을 개최하면서 우리나라를 찾아 온 많은 외국 귀빈을 경호할 경찰 인력이 부족해서 민간 경호원이 등장하게 되었다. 1995년 이후에는 개인도 신변의 보호를 위해 경호원을 고용할 수 있게 되었다.

오늘날과 미래의 경호원

과거에는 국가의 중요한 인물 위주로 공경호가 이루어졌다면 오늘날에는 다양한 분야에서 사경호가 이루어지고 있다. 기술이 발전하면서 경호 대상에게 가해질 수 있는 위협이 다양해졌지만 그에 대응할 수 있는 방법도 함께 발전했다. 경호원은 경호 대상자의 절대 안전 보장이라는 변함없는 목표를 위하는 전문가이다.

직업으로서의 경호원

경호의 종류

경호에는 국가가 지정한 경호 대상자를 보호하는 '공경호'와 비용을 지불하고 사적으로 민간 경호원을 고용하는 '사경호'가 있다. 어디를 경호하느냐에 따라 경호 대상자가 일하고 사는 곳을 경호하는 '숙소 경호', 모임이나 행사에 참석할 때 그 장소를 경호하는 '행사 경호', 움직이는 길을 따라 경호하는 '연도 경호'가 있다. 이동할 때 차를 타느냐, 기차를 타느냐, 아니면 배나 비행기를 타느냐에 따라서도 경호 방법은 달라진다.

누구를 경호하느냐에 따라서도 경호원과 경호 방법이 달라진다. 정치인을 경호할 때는 조직적이고 전문적인 테러의 위험이 있어서 사전에 면밀하게 정보를 입수하고 경호 계획을 세워야 한다. 유명한 기업가나 경제인을 경호할 때는 사업 관련 모임에 자연스럽게 어울려 눈에 띄지 않고 품위를 지키면서 경호 활동을 하는 것이 중요하다. 인기 있는 유명 연예인은 많은 대중 앞에 서야 하고, 열성적인 팬들이 예상치 않은 행동을 할 수 있기 때문에 상황에 따라 재빠르게 대응하는 경호가 필요하다.

경호의 원칙

경호를 할 때는 경호 대상자의 바로 옆, 조금 떨어진 곳, 멀리 떨어진 곳을 나눠 경호한다. 바로 옆에서 경호하는 근접 경호는 보통 권총이나 수류탄으로 공격 가능한 수십 미터 이내에서 발생하는 위험한 상황을 대비한다. 조금 떨어진 중간 경호는 소총으로 사격할 수 있는 수백 미터 안에서, 가장 멀리 떨어진 외곽 경호는 작은 대포로 공격할 수 있는 수 킬로미터의 범위에서 위험을 감지하고 대처하는 것이다. 이처럼 여러 거리에서 경호하는 것을 '중첩 경호'라고 한다.

경호원은 경호 대상자를 보호하는 사람이기 때문에, 위험 상황이 발생하면 적과 싸우기보다는 우선 경호 대상자를 안전하게 피신시켜야 한다. 경호원은 여럿이 팀을 이뤄서 활동한다. 저마다 자기가 경호를 맡은 구역이 있고 그 안에서 생기는 문제는 스스로 해결해야 한다. 자기가 맡지 않은 구역에서 문제가 생겼어도 함부로 자리를 비우지 말고 맡은 자리를 지켜야 한다. 또한 위급한 경우 몸을 던져서라도 경호 대상자를 보호해야 한다.

경호원의 복장과 장비

경호원은 어디에서 누구를 경호하느냐에 따라 적합한 옷을 입는다. 사람들 속에 섞여 경호할 때는 주변 사람들과 구별되지 않도록 옷을 입지만, 공개된 장소에서 경호할 때는 제복이나 정장을 입고 짙은 색 선글라스를 쓴다. 짙은 색 선글라스를 쓰는 이유는 경호원이 어디를 감시하고 있는지 다른 사람들이 알아채지 못하도록 하기 위해서이다.

경호원은 둥근 막대인 경봉과 가스 분사기 등 호신용 장비와 금속 탐지기, 폭발물 탐지기, 차량 검색 거울 등을 가지고 미리 주변에 무기나 위험 물질이 있는지를 검사한다. 또한 경호 활동을 하는 지역에 감시 장치를 설치해서 이상이 있을 때 알아챌 수 있게 한다. 국가 기관 소속 경호원은 필요할 때 작고 성능이 우수한 권총, 기관단총을 가지고 다닌다. 총은 다른 사람 눈에 보이지 않아야 하며, 꼭 필요한 경우가 아니라면 사용할 수 없다. 동물도 유용한 경호 도구로 활용되는데, 경호해야 하는 장소를 미리 점검할 때는 훈련받은 개를 이용해서 폭발물 등을 찾아내기도 한다. 대통령이 타는 차량이나 비행기는 그 자체로 다양한 경호 기능이 있어서 총을 쏘거나 폭발물이 터져도 견뎌내고, 항상 통신할 수 있는 최신 기술로 무장하고 있다.

비스트, 미국 대통령이 타는 차

비스트(beast)는 미국 대통령이 타는 차에 붙은 별명으로 '야수'라는 뜻이다. 이 차는 총알이나 폭탄, 독가스를 막아내고, 타이어가 터져도 계속 달릴 수 있다. 어두운 밤이나 연기 속에서처럼 앞을 볼 수 없는 상황에서도 운전할 수 있도록 하는 야간 투시 장치가 있으며, 위급할 때를 대비한 산소 공급 장치, 대통령과 혈액형이 일치하는 혈액도 준비되어 있다고 한다. 창문의 두께는 약 13cm이며, 모르는 사람이 차 문을 열려고 하면 전기 충격을 줄 수도 있다. 또한 어떤 상황에서도 다른 정부 기관과 통신할 수 있다.

미국 대통령이 타는 차 비스트

경호원이 지켜야 하는 가치

경호원은 전문 직업으로 오랜 기간 교육과 훈련을 받아 경호지식과 기술을 갖춰야 한다. 우리나라에서 공경호를 맡은 대표적인 기관은 '대통령경호처'이다. 군대나 경찰에도 특수하게 경호를 목적으로 만들어진 부대와 경호 요원이 있지만, 이들은 군인이나 경찰이 된 후 경호에 필요한 지식과 기술을 익혔기 때문에 직업으로 따지면 군인이나 경찰이다.

대통령경호처의 경호원들은 국가원수와 국민에게 충성을 다하고, 원칙과 법규를 준수하고, 임무에 최선을 다해야 한다. 강인한 체력과 정신력을 길러 위험 앞에서도 주저하지 않고 과감하게 행동해야 하고, 같이 일하는 동료들을 배려하며 겸손하게 행동하고, 다른 사람들과 협력해서 최상의 경호를 해야 한다.

민간 회사의 경호원들도 경호 대상자의 안전을 가장 중요하게 생각한다는 점에서 국가 기관의 경호원과 다르지 않으며 지켜야 하는 원칙도 같다. 민간 경호원은 경호 대상자의 개인적인 생활을 보호하고, 안전을 해치지 않는 한 경호 대상자의 요구를 잘 맞춰주는 서비스 정신도 가져야 한다.

경호원은 무거운 장비를 가지고 여러 장소를 돌아다니고, 때로는 몸이나 도구를 사용해서 위험한 대상을 제압해야 하기 때문에 기본적으로 강한 힘과 우수한 신체 능력이 요구된다. 또한 늘 옆에서 경호 대상자를 보호하기 위해서는 남을 배려할 줄 알아야 하고, 예상하지 못한 위기 상황에서도 침착하고 의연하게 대처할 수 있는 냉정함과 자기 자신을 다스릴 줄 아는 통제력이 필요하다. 때로는 주위 환경과 사정에 따라 유연하게 문제를 해결할 수 있는 임기응변과 상상력도 중요하다. 최근에는 최신 기술을 이용한 경호와 보안이 중요해지면서 전문적인 경험과 지식이 더 중요하게 여겨지는 부분도 있다.

새로운 경호 업무와 경호원

대통령경호처에서는 드론을 이용한 테러와 암살 위협, 사이버 공간을 통한 테러 등 미래의 위협에 대처하기 위해 다양한 전문성을 가진 사람들을 경호원으로 채용하고 있다. 이를 위해 2018년부터는 키, 시력 등의 신체 조건 제한을 없앴다.

직접 현장에서 경호 업무를 하는 사람뿐 아니라 드론을 운영하고, 정비, 유지 보수를 할 수 있는 사람, 모바일 기기나 웨어러블* 장치를 잘 다루는 사람, 인터넷 홈페이지와 SNS를 잘 이용하고 만드는 사람, 정보 통신(IT) 분야의 지식과 기술이 있는 사람도 훌륭한 경호원이 될 수 있다.

경호원에 대한 인식과 업무의 장단점

1990년대 우리나라에 〈보디 가드〉라는 영화가 들어와 크게 인기를 끈 이후 많은 영화와 드라마의 주인공으로 경호원이 등장했다. 영화에 등장하는 경호원은 대부분 멋진 외모와 뛰어난 무술 실력을 갖추고 경호 대상자를 위해 몸을 던지는 영웅으로 그려졌다. 이를 본 사람들은 경호원이란 직업에 대해 좋은 인상을 받았다. 이 덕분에 민간 경호 산업도 발전하고 경호원에 지원하는 사람도 늘어났다.

* 옷이나 모자, 안경 등에 부착한 기계장치

경호원은 충성, 믿음, 헌신 등이 떠오르는 직업이다. 실제로 공경호 부분에서 일하는 경호원들은 자기 직장에 대한 자부심이 크다. 특히 엄격한 기준을 통과하여 선발되었으며 체계적인 업무와 훈련을 받고 강한 팀워크를 자부한다.

경호원은 경호 대상자의 일정에 맞춰 일하기 때문에 근무 시간이 정해져 있지 않다. 때로는 밤이나 주말, 공휴일에도 일하며, 교대로 근무할 때는 제때 식사를 하지 못하거나 잠을 못 잘 때도 있다. 이렇게 일하는 시간이 불규칙한 점, 항상 긴장한 상태로 일하기 때문에 정신적, 신체적 피곤을 견뎌야 하는 점, 시민들로부터 협조를 받지 못할 때의 실망감 등이 일의 단점이라고 이야기한다.

경호원의 현황

대통령경호처에는 5백여 명이 넘는 경호원이 일하고 있으며 군대나 특수 부대의 경호 요원은 정확한 숫자를 알 수 없다. 민간 경호 업체의 경호원은 약 8천여 명으로 이 중 남자가 대부분이고 아직 여성 경호원의 수는 많지 않다.

미래의 경호원

가까운 미래의 경호원

2028년까지 경호원의 수는 조금씩 늘어나 현재 8천 5백여 명인 경호, 경비 요원은 약 9천 5백여 명이 될 것으로 예측한다. 우리나라 기업과 유명 연예인의 해외 활동이 늘어나면서 경호 인력을 많이 필요로 한다. 또한 강력범죄, 테러 등의 위험이 국가의 주요 인사가 아닌 일반 개인에게까지 미쳐 보통 사람을 경호하는 경호원도 늘어나고 있다.

기존의 경호원은 주로 경호 대상자가 사는 곳이나 일하는 곳을 지켰다. 오늘날 경호 범위는 더욱 확대되어 국가나 기업의 주요 시설을 보호하고, 해외 위험지역에서도 활동하며, 중요한 산업정보가 새어나가지 않도록 주의를 기울이기도 한다. 이처럼 앞으로는 더욱 다양한 분야에서 경호원을 필요로 할 것이다.

여성 경호원의 활약

21세기에 들어와서는 여성 경호원이 본격적으로 활약하기 시작했다. 신변 보호를 위해 늘 함께 해야 하는 경호 대상자가 어린아이거나 여성일 경우 여성 경호원이 더 적합하고, 손님을 맞이해야 하는 상황에서는 여성 경호원이 남성 경호원에 비해 부드러운 인상을 줄 수 있다는 이유로 선호된다. 여성 경호원은 경호 대상자를 더 세심하게 배려한다는 평가를 받기도 한다. 여성 경호원도 돌발 상황에 충분히 대처할 수 있고, 위험 상황에서도 충분히 힘을 발휘하고 위협 대상자를 제압할 수 있는 능력이 있다고 인정받으며 앞으로는 여성도 경호원으로 더 많이 활약할 수 있을 것이다.

기술의 발전을 활용하는 경호원

첨단 기술, 특히 군사와 관련된 기술의 발전은 경호원이라는 직업과 경호 활동을 바꿔나가고 있다. 2018년에는 베네수엘라 대통령이 야외에서 연설을 하다가 폭탄을 장치한 무인 비행기 드론의 공격을 받은 일이 있었다. 이처럼 드론이 위험한 공격 무기로 활용되며 경호원들도 드론에 대처하는 방법을 새로 연구, 개발하고 있다.

CCTV는 설치한 카메라를 통해 실시간으로 현장을 살피고 촬영한

영상을 저장해 두는 감시 장치로 널리 사용되고 있다. 아직 대부분의 CCTV 영상은 경비 요원이나 경호원이 직접 확인하고 위험을 찾아내야 하지만, 지능형 CCTV의 영상은 인공지능이 분석해서 위험을 감지하면 경호원에게 알려 준다.

전자 기기를 몸에 착용하고 다니는 웨어러블 기술의 발전도 경호 업무에 큰 도움이 되고 있다. 크기가 작아진 기기는 무겁지 않고 착용하기에도 간편하며 눈에 잘 띄지 않는다는 이점도 있다. 경호원은 웨어러블 기기를 활용하여 위험을 탐지하고 서로 정보를 주고받기도 한다.

또 인터넷, 휴대전화 등 다양한 정보 통신 기술과 기계를 이용한 테러와 공격을 막는 사이버 보안도 날이 갈수록 중요해지고 있다. 우리나라 대통령경호처는 과학기술통신부, 학교, 연구소와 함께 새로운 기술에 대응하는 경호 방법을 연구하고 있으며, 이 분야의 전문 지식과 기술을 가진 사람을 경호원으로 뽑고 있다. 큰 기업이 운영하는 민간 기업에서도 지능형 영상 기술, 네트워크 통신 기술 등을 개발 중이다. 이처럼 경호원도 기술 및 과학 기술이 꼭 필요한 직업이 되어 가고 있다.

경호원, 목숨을 바쳐 사람을 지키는 직업

인류는 자기 집단의 지도자를 위험에서 보호하기 위해 힘이 세고 날랜 젊은이들을 뽑아 지도자를 지키게 했다. 국가와 군대의 규모가 커지면서 왕과 그 가족, 또는 국가의 중요한 인물을 지키는 특별한 군대도 만들어졌다. 이 군대는 실력이 뛰어난 군인들로 이루어졌고 다른 군인에 비해 좋은 대접을 받았다. 오늘날에도 국가의 지도자를 지키기 위해 특별한 훈련을 받은 경호원이 있다.

개인도 원한다면 경호원을 고용해서 스스로의 안전을 지킬 수 있다. 기술이 발전하면서 위험을 감지하고 적을 제압하는 방법은 많이 달라졌지만, 지금의 경호원도 수천 년 전 이집트 파라오의 경호원처럼 경호 대상자의 안전을 위해 때로는 목숨을 희생하기도 한다. 앞으로도 '경호 대상자의 절대 안전 보장'이라는 경호원의 목표는 다르지 않을 것이다.

대통령경호처 훈련 모습(대통령경호처 홍보영상 캡처)

·부록·

어떻게 하면 경호원이 될 수 있을까?

공경호, 대통령경호처

대통령경호처 로고

대통령경호처에서는 매년 경호관을 공개 채용한다. 응시 자격은 20~35세 사이의 대한민국 국민으로, 관계법에 따라 공무원이 될 수 없는 사람이 아니면 누구나 가능하다. 지원하기 전에 미리 영어 성적과 한국사 능력 검정시험 2급 자격을 갖춰 두어야 한다.

공개 채용에 응시하면 1차로 공무원이 되기 위한 소질을 종합적으로 평가하는 '공직적성평가PAST'를 치르고 합격자는 체력검정과 인성 검사를 받는다. 그 다음으로는 기본 자질과 의사 표현 능력, 논리력, 영어 구사 능력 등을 심층 면접으로 평가하고, 마지막으로 인성

대통령경호처 인재채용 홈페이지

면접과 신체검사를 거쳐 최종 합격자를 정한다.

최종 합격한 사람은 '특정직 7급 경호 공무원'으로 대통령경호처에서 일한다. 대통령경호처에 들어가면 우선 6개월 동안 철저한 훈련을 받는데, 그 후로도 계속 스스로 갈고 닦아야 한다. 대통령경호처 채용에 관한 정보는 대통령경호처 인재채용 홈페이지 recruit.pss.go.kr에서 찾을 수 있다.

사경호, 민간 경호 회사

1990년대 이후 우리나라에도 민간인이 만든 경호 회사가 생겨나기 시작했다. 대학에도 '경호학과'가 생겼고 경호원이 되려는 사람들을 위한 학원도 있다.

2000년대 이후 민간 경호 회사는 계속 성장하고 있다. 경호원을 지망하는 사람은 이곳에 취직해서 경력을 쌓을 수 있다. 회사마다 경호원 채용 방법과 지원 자격 요건은 다르지만 경호 관련 학과를 졸업했거나, 군대나 경찰의 특수 부대 경력이 있거나, 무술이 뛰어난 사람이 유리하다.

민간 경호 회사에서는 이란, 이라크, 아프리카 등 외국의 위험 지역에 나가 있는 우리나라 기업과 직원을 보호하기 위한 해외 무장 경호원을 뽑기도 한다. 특수 부대 출신, 경호원 경력자, 영어 등 외국어 사용 가능자는 해외 무장 경호원으로 지원할 수 있다.

• 교과연계 내용 •

과목 · 과정	초등학교 과정
5학년 사회	국토와 우리 생활 / 인권 존중과 정의로운 사회
5학년 실과	나의 발견과 나의 미래
6학년 사회	우리나라의 정치 발전 / 세계 여러 나라의 자연과 문화 / 통일 한국의 미래와 지구촌의 평화

과목 · 과정	중학교 과정
사회1	자원을 둘러싼 경쟁과 갈등 / 개인과 사회생활 / 사회 변동과 사회 문제
사회2	국제 사회와 국제 정치 / 세계 속의 우리나라 / 더불어 사는 세계
역사1	문명의 발생과 고대 세계의 형성 / 세계 종교의 확산과 지역 문화의 형성 / 지역 세계의 교류와 변화/ 제국주의 침략과 국민 국가 건설 운동/ 세계 대전과 사회 변동/ 현대 세계의 전개와 과제
역사2	선사 문화와 고대 국가의 형성 / 남북국 시대의 전개 / 고려의 성립과 변천/ 조선의 성립과 발전 / 조선 사회의 변동 / 근·현대 사회의 전개
진로와 직업	일과 직업 세계 이해 / 진로탐색 / 진로 디자인과 준비

과목 · 과정	고등학교 과정
동아시아사	동아시아 역사의 시작 / 동아시아 세계의 성립과 변화 / 동아시아의 사회 변동과 문화 교류 / 동아시아의 근대화 운동과 반제국주의 민족 운동 / 오늘날의 동아시아
생활과 윤리	사회와 윤리
세계사	인류의 출현과 문명의 발생 / 동아시아 지역의 역사 / 서아시아·인도 지역의 역사 / 유럽·아메리카 지역의 역사 / 제국주의와 두 차례 세계 대전 / 현대 세계의 변화
진로와 직업	일과 직업 세계의 이해 / 진로 탐색 / 진로 디자인과 준비
통합 사회	문화와 다양성 / 세계화와 평화
한국사	전근대 한국사의 이해 / 근대 국민 국가 수립 운동 / 일제 식민지 지배와 민족 운동의 전개 / 대한민국의 발전

미래를 여는 경이로운 직업의 역사

생명과 안전을 지키는 직업 I | 군인 · 스파이 · 경호원

초판 1쇄 발행 2022년 6월 30일
초판 2쇄 발행 2023년 4월 12일

지은이 박민규
펴낸이 박유상
펴낸곳 빈빈책방(주)
편집 배혜진 · 정민주
디자인 기민주
일러스트 김영혜

등록 제2021-000186호
주소 경기도 고양시 덕양구 중앙로 439 서정프라자 401호
전화 031-8073-9773
팩스 031-8073-9774
이메일 binbinbooks@daum.net
페이스북 /binbinbooks
네이버 블로그 /binbinbooks
인스타그램 @binbinbooks

ISBN 979-11-90105-46-0 44190